德阳文庙与中华优秀传统文化教育丛书

论语文化知多少

LUNYU WENHUA ZHIDUOSHAO

李绍先　王小红　邓朝晖　编著

四川大学出版社

项目策划：梁　平
责任编辑：杨　果
责任校对：孙滨蓉
封面设计：璞信文化
责任印制：王　炜

图书在版编目（CIP）数据

论语文化知多少 / 李绍先，王小红，邓朝晖编著
. — 成都：四川大学出版社，2019.11
ISBN 978-7-5690-3125-6

Ⅰ．①论… Ⅱ．①李… ②王… ③邓… Ⅲ．①儒家②《论语》－通俗读物 Ⅳ．① B222.2-49

中国版本图书馆 CIP 数据核字（2019）第 232007 号

书名	论语文化知多少
编　著	李绍先　王小红　邓朝晖
出　版	四川大学出版社
地　址	成都市一环路南一段24号（610065）
发　行	四川大学出版社
书　号	ISBN 978-7-5690-3125-6
印前制作	四川胜翔数码印务设计有限公司
印　刷	成都金龙印务有限责任公司
成品尺寸	148mm×210mm
插　页	1
印　张	6
字　数	163 千字
版　次	2019 年 12 月第 1 版
印　次	2020 年 9 月第 3 次印刷
定　价	30.00 元

◆版权所有 ◆侵权必究

◆ 读者邮购本书，请与本社发行科联系。
　电话：(028)85408408/(028)85401670/
　(028)86408023　邮政编码：610065
◆ 本社图书如有印装质量问题，请寄回出版社调换。
◆ 网址：http://press.scu.edu.cn

四川大学出版社
微信公众号

德阳文庙与中华优秀传统文化教育丛书编委会

主　任：肖　静

副主任：涂升珂　张生刚

成　员：王小红　李绍先　张　杰　赵家蓉
　　　　彭　艳　邓朝晖　吴新星　余文莉
　　　　曹海霞

春风化雨　德润心灵

——《德阳文庙与中华优秀传统文化教育丛书》序

卢　也

　　文化是民族的血脉，是人民的精神家园。党的十八大以来，习近平总书记在一系列重要讲话中多次强调："中华优秀传统文化是中华民族的突出优势，是我们最深厚的文化软实力。"准确把握优秀传统文化的时代价值和中国梦的丰富内涵，从优秀传统文化中汲取实现中国梦的精神力量，不仅是推动文化传承创新的重要途径，也是培育和践行社会主义核心价值观，落实教育立德树人根本任务的重要基础。

　　德阳是古蜀之源、重装之都，历来明礼修文、崇德重教，"德孝文化"底蕴深厚，"绵竹年画"源远流长，"三星堆文化"作为长江文明之源更是受到世界瞩目。历年来，市委、市政府高度重视优秀传统文化的传承教育和创新发展，将公共文化设施作为传播弘扬的主平台，将学校作为先导示范的主阵地，将家庭作为落细落小的主渠道，不仅在推动优秀传统文化进教材、进课堂和进头脑上进行了积极探索，更是把文化融入城市建设的各个方面，赋予传统文化以崭新的活力。2015年，德阳文庙被中国孔庙保护协会授予"中华优秀传统文化教育实践基地"的称号，成为中国西部唯一获此殊荣的文庙。

　　德阳市文化广播影视新闻出版局与德阳市博物馆会同有关专家学者组成编委会，策划编撰《德阳文庙与中华优秀传统文化教育丛书》，以德阳文庙和传统文化为主题，粹选孔子及孔门圣贤故事、传统文化和本土历史文化典型故事，着眼青少年，加快传统文化与本土文化的普及推广，弘扬正能量，引领新风尚。这不仅是一件非常有意义的事，同时也是颇有价值的尝试！愿《德阳文庙与中华优秀传统文化教育丛书》的编撰，能够进一步发挥德阳文庙的德育功能，对传承弘扬优秀传统文化，提升青少年文化素养，增进城市文化氛围和推动德阳文化大发展大繁荣有所裨益！

是为序！

2017 年新春于德阳

目 录

第一篇　关于论语 …………………………………………（ 1 ）
01 记载孔子言论的书，为何叫《论语》而不叫《孔子》？
　　……………………………………………………………（ 3 ）
02 《论语》之外，记载孔子言论的书还有哪些？ ………（ 7 ）
03 《论语》一书是哪些人编的？ …………………………（ 12 ）
04 《论语》一书的核心思想与主要内容 …………………（ 17 ）
05 《论语》所见孔子的身世与家庭悲剧 …………………（ 23 ）
06 《论语》的历史承传及在西方的传播 …………………（ 28 ）
07 古今中外对孔子与《论语》的评价 ……………………（ 33 ）
08 千古谎言："半部《论语》治天下" ……………………（ 37 ）

第二篇　经典篇章 ……………………………………………（ 43 ）
01 巧言令色，鲜矣仁！ ……………………………………（ 45 ）
02 慎终追远，民德归厚矣 …………………………………（ 50 ）
03 吾日三省吾身 ……………………………………………（ 54 ）
04 和颜悦色，侍奉父母 ……………………………………（ 59 ）
05 温故而知新，可以为师矣 ………………………………（ 64 ）
06 君子周而不比，小人比而不周 …………………………（ 68 ）
07 人而无信，不知其可也 …………………………………（ 72 ）
08 君子爱财，取之有道 ……………………………………（ 76 ）
09 父母在，不远游，游必有方 ……………………………（ 80 ）

10	君子欲讷于言，而敏于行……………………………	（84）
11	德不孤，必有邻………………………………………	（88）
12	无欲则刚………………………………………………	（93）
13	君子不念旧恶…………………………………………	（97）
14	文质彬彬，然后君子…………………………………	(102)
15	知之者不如好之者，好之者不如乐之者……………	(106)
16	举一反三………………………………………………	(110)
17	君子坦荡荡，小人长戚戚……………………………	(114)
18	任重而道远……………………………………………	(118)
19	子在川上曰：逝者如斯夫！…………………………	(122)
20	三军可夺帅也，匹夫不可夺志也……………………	(126)
21	岁寒，然后知松柏之后凋也…………………………	(130)
22	君子成人之美，不成人之恶…………………………	(134)
23	其身正，不令而行；其身不正，虽令不从…………	(138)
24	君子和而不同，小人同而不和………………………	(142)
25	贫而无怨难，富而无骄易……………………………	(147)
26	见利思义，见危授命…………………………………	(152)
27	杀身以成仁……………………………………………	(157)
28	工欲善其事，必先利其器……………………………	(161)
29	人无远虑，必有近忧…………………………………	(166)
30	小不忍则乱大谋………………………………………	(170)
31	道听而涂说……………………………………………	(175)
32	博学而笃志，切问而近思……………………………	(179)

主要参考书目……………………………………………… (183)
后　　记…………………………………………………… (184)

第一篇 关于论语

01 记载孔子言论的书，为何叫《论语》而不叫《孔子》？

孔子（前551年—前479年），名丘，字仲尼，春秋末期鲁国陬（zōu）邑（今山东曲阜东南）人。孔子是我国古代伟大的思想家、教育家和儒家学派创始人。《论语》系孔子弟子及后学记述孔子言行的语录体著作，是今天我们了解孔子思想的重要材料。

《论语》全书共20篇492章，每篇各章并无严密联系，只是大致以类相从，由首章首句中取两字作为整篇的标题。全书共约1.2万字。

考查《论语》这个书名，最早见于《礼记·坊记》，其中有云：

《论语》曰："三年无改于父之道，可谓孝矣。"

前人多认为《礼记·坊记》，是孔子之孙子思的作品，在1993年湖北省荆门市郭店一号楚墓出土的楚简中有《太常》一篇，其中有的文字明显截取于《坊记》。所以一般认为《论语》之名在战国时就有了。

但是，后世专家学者多对此表示怀疑，认为《礼记》中的文字多数是汉儒的解经之作。在经过秦始皇焚书坑儒之后的西汉初年，先秦儒家的残存经典陆续面世，先后出现了三个不同版本的

《论语》,即鲁人所传之《鲁论语》、齐人所传之《齐论语》,以及在孔子宅壁发现的《古文论语》。

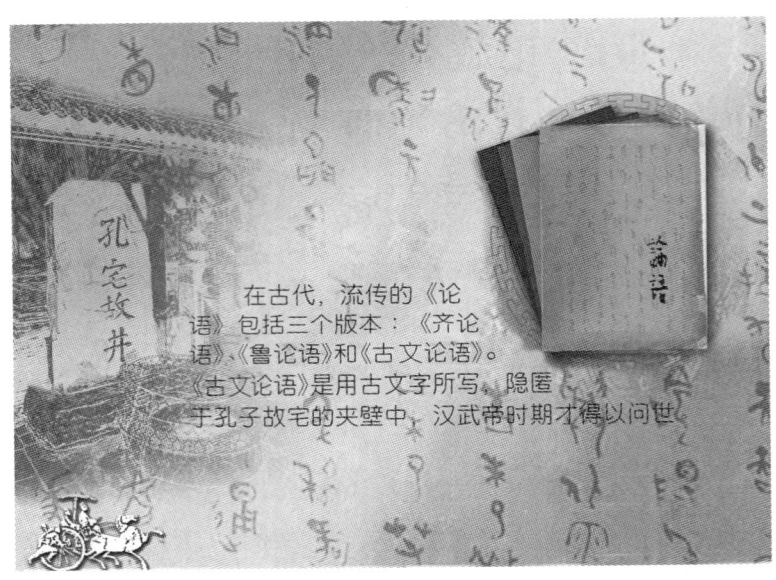

在古代,流传的《论语》包括三个版本:《齐论语》《鲁论语》和《古文论语》。《古文论语》是用古文字所写,隐匿于孔子故宅的夹壁中,汉武帝时期才得以问世。

西汉时期《论语》三个版本的出现,表明《论语》书名在西汉就已被确定下来,这一点是可以肯定的。20世纪70年代以来的《论语》考古,从西汉墓中《论语》竹简的发掘出土,对此也是印证。

中国传统文化中的"四书五经"泛指儒家经典著作,它们是中华民族传统文化的代表。"四书"是《论语》《大学》《中庸》《孟子》四部著作的总称。"四书"之名始于理学家朱熹。"五经"指的是《诗经》《尚书》《礼记》《周易》和《春秋》五部经书。"五经"之名则始于"罢黜百家,独尊儒术"的汉武帝。

先秦"诸子百家",一般都按照百家姓氏,以"子"(子,是当时对人的尊称)称呼其代表的思想家,"先秦诸子"的代表著作,一般也都取名为"某某子",如《孟子》《荀子》《老子》《庄子》《墨子》《韩非子》等。那么，记载孔子言论的书为何叫《论语》，而不叫《孔子》呢？

对此问题，东汉史学家班固《汉书·艺文志》说：

> 《论语》者，孔子应答弟子，时人及弟子相与言，而接闻于夫子之语也。当时弟子各有所记，夫子既卒，门人相与辑而论篹，故谓之《论语》。

按照班固的说法，《论语》是孔子及其弟子的论和语，"论"就是论篹、议论之意；"语"就是告知，使人有所觉悟之意。"论语"指把"接闻于夫子之语"论篹成书，辑录了孔子的主要观点如政治观点、教育观点和经济思想等，当然也辑录了孔子对一些人和事的评价。

对于班固的说法，后来学者也有不同的说法，譬如东汉末年刘熙在《释名·释典·艺》中就认为：

> 《论语》，记孔子与诸弟子所语之言也……论，伦也，有伦理也。

就是说，"论语"之意是指"有条理地叙述自己的话"。

不过，人们免不了要问：难道除孔子和他的弟子以外，别人说的话都不是"有条理的叙述"了吗？但如果不是这样，那么"论语"这样的命名又有什么意义呢？

所以，杨伯峻先生的《论语译注》就认为，刘熙之说显然是"很牵强的"。

元朝大学者何异孙认为，《论语》是一本孔子与弟子"讨论文义"之书，其所编撰的《十一经问对》云：

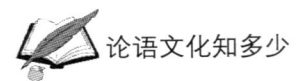 论语文化知多少

有弟子记夫子之言者,有夫子答弟子之问者,有弟子自相答问者,又有时人相与言者,有臣对君之问者,有师弟子对大夫之问者。皆所以讨论文义,故谓之《论语》。

到了近代,章炳麟(号太炎)的《国故论衡·文学总略》一书还认为:

"论"者,古但作"仑"。比竹成册,各就次第,是之谓仑……《论语》为师弟问答,乃亦略记旧闻,散为各条,编次成帙,斯曰《仑语》。

汉代书籍大多是写在竹木简上,高级一点的写在绢帛上。专家考证,一般的书籍的"开本"都在"一尺"以上,"《春秋》二尺四寸,《孝经》一尺二寸,《论语》八寸"(章太炎《国故论衡·文学总略》)。相比而言,《论语》也就只是一本袖珍小书而已。显然,太炎先生是从古代书籍的形制及其制度来解释其得名之由的。

在古代中国,人们编撰书籍的体例,一般分为"著作""编述"和"钞(抄)纂"三大类。由钞(抄)纂而成的书籍,古人称为"论"。《论语》的"论"者,实为排比资料、纂辑成编之意;"语"者,语录也,是集孔子及其弟子的语录。所以本书认为,仅就《论语》一书得名而言,班固《汉书·艺文志》的说法还是比较贴切、比较有说服力的!

02 《论语》之外，记载孔子言论的书还有哪些？

《论语》是中国最早的语录体著作，位居"四书"之首，是中国古代儒家的一部重要经典。在中国古代传统文化中，《论语》的地位非常高，影响非常大。在漫长的中国古代社会，大到齐家、治国、平天下，小到个人的待人接物、一言一行，都在它的规范之中。所以从汉代崔寔（音 shí）到近代的顾颉刚先生，都认为《论语》是一本教科书，而且它的修养的意味极重，政治的意味很少（顾颉刚《古史辨》）。

到了东汉时期，《论语》已被列入经书之列，成为当时学者的必读之书，同时其研究也成了一个专门学问。宋代大儒朱熹视《论语》为经典中的经典，并作《四书集注》，成为后代士子的修身圭臬（音 guīniè，土圭和水臬，古代测日影、正四时和测度土地的仪器）。明太祖朱元璋更是将《论语》钦定为科举考试的必读之书，此举对中国古代传统文化及思想发展影响深远。

据传北宋政治家赵普曾有"半部《论语》治天下"之说，这从一个侧面反映出此书在中国古代社会的作用与影响之大。近现代国学大师钱穆先生说：《论语》应该是一部中国人人人必读的书。他九十多岁时仍在读《论语》，并劝人每天都要读《论语》。

本书前面说过，西汉时期，先后出现了三个不同版本的《论语》。三个不同版本的《论语》除篇数不同外，在章次、文字和解说上都有出入。到了东汉，三个版本开始逐渐统一起来，著名

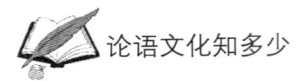

学者张禹、郑玄等以《鲁论语》为基础,对三个《论语》的版本整合、作注,并保存了汉代《论语》版本异同的一些资料。

两汉以来,《论语》的注本不计其数,各有特色,但侧重点都有不同:

朱熹的《论语集注》侧重于义理,是宋明以来影响最大的注本。

张居正《讲评论语》的注解侧重于修齐治平。

明末高僧蕅益大师《论语点睛》的注解多借用佛家的视角,不离世间法的圆融,在儒释两家哲学中求同尊异。其利用《论语》理深语简的特点,引导读者敦伦尽分、畏恶迁善、涤染修净。

南怀瑾先生《论语别裁》的注解侧重于文化和修行。

近代大学者杨伯峻先生的《论语译注》是最早对《论语》通俗化所做的尝试。《论语译注》注释简明扼要,并附有白话文翻译和内容评述,做到了雅俗共赏;也是现今最通行的注本。

孔子一生"述而不作",没有留下本人的文字与著作。虽然传说孔子曾经"删诗书、定礼乐、修春秋、序易传",但今天我们所见的先秦儒家经典"六经",其实都不是孔子的"著作",不能完全代表孔子的思想。《论语》一书,虽可以表达孔子的思想观点,可是全书仅仅约 1.2 万字,未免太过简略!

孔子是中国古代著名的教育家、思想家,同时也是排名第一的世界十大文化名人。他在中国历史、世界文化史上所产生的巨大影响,绝非只是单靠一部《论语》。那么在《论语》之外,记载孔子言论的书还有哪些呢?

秦汉以来,人们一直在辑录、整理散见于先秦典籍中的"夫子言行",作为研究孔子及其思想的重要资料。这些都可以说是记载孔子言论的书,比如:

托名秦末儒生孔鲋编撰的《孔丛子》;

三国曹魏学者王肃编撰的《孔子家语》《圣证论》；
南朝梁武帝编撰的《孔子正言》；
唐代文学家王勃编撰的《次论语》；
宋人杨简编撰的《先圣大训》；
宋人薛据编撰的《孔子集语》；
明人潘士达编撰的《增订论语外篇》；
清人孙星衍编撰的《孔子集语》；
近人曹廷栋编撰的《孔子逸语》；

今人李殿元、王定璋、杜志国等编撰、注译的《论语外编》，裴传永编撰、汇释的《论语外编——孔子佚语汇释》和栾贵明收集编撰的《子曰》等。

1.《孔子家语》

《孔子家语》是中国古代记述孔子思想和生平的著作，是自汉朝以前到汉朝早期不断编纂而成，最后由三国曹魏学者王肃进行整理，共27卷，现存10卷。《孔子家语》的争议很多，唐代颜师古在注《汉书》时，曾指出《孔子家语》27卷本"非今所有家语"。今传本《孔子家语》共10卷44篇，由曹魏学者王肃所注，书后附有王肃序和《后序》。

2.《孔子集语》

传世《孔子集语》有两种：一是宋朝薛据编撰的 2 卷本，二是清朝孙星衍编撰的 17 卷本。两种辑本均被《四库全书》和《续修四库全书》收入。

孙星衍，乾嘉时期著名的藏书家和学者，晚年引疾归田后，与其族弟孙星海等检阅群籍，从《易》《礼记》《春秋》《孝经》《孟子》《孔丛子》和《史记》等 83 种典籍中采辑了 813 条孔子言行记录，分为 14 篇 17 卷。孙氏辑本重材料收集，而且还注明了每一条材料的出处，并把内容相同或相近的材料排列在一起，此外还对疑文脱句加按语进行校勘，因而具有很高的学术价值。

3.《论语外编》

该书由李殿元、王定璋、杜志国等编撰、注译，四川人民出版社 2001 年 10 月出版。

该书辑录了包括《大戴礼记》和《史记》在内的六七十种现存先秦典籍里中有关孔子言行的记载。全书按劝学、修身、立德、孝悌、敬贤、为政、六艺、识见和事迹九个部分编撰。注释参考了历代注家的注疏并予以考订,还吸收了当代学者的研究成果(包括考古成果),在此基础上形成编著者的见解。

4.《子曰》

该书由栾贵明编写,福建人民出版社 2013 年 4 月出版。

这是目前孔子言论收集最齐全的一本书,总共分为四编:甲编为《论语》,乙编收录了《孟子》等书中明确称引孔子的言论,丙编采编《孔子家语》中引用孔子言论及语境的记录,丁编首次将孔子三个有关"七日"的故事编辑成集。

论语文化知多少

03 《论语》一书是哪些人编的？

《论语》一书编撰者不是孔子，这是肯定的，关于《论语》一书编撰成书，上引《汉书·艺文志》云：

《论语》者，孔子应答弟子，时人及弟子相与言而接闻于夫子之语也。当时弟子各有所记，夫子既卒，门人相与辑而论纂，故谓之《论语》。

由以上记述可知：第一，平日间孔门弟子对"夫子之语"皆"各有所记"；第二，《论语》一书，系孔子"门人相与辑而论纂"。

春秋时期，孔子是公认的哲人，影响颇大。孔子晚年回到鲁国虽没有得到重用，但鲁国仍然以"国老"礼厚待之，地位很高。

周敬王四十一年（前479年），孔子离世，葬于鲁城（即今曲阜）以北的泗水之上。王公贵戚多亲祭，鲁哀公亲自撰文以表哀悼！孔门弟子的悲恸之情更加可以想见。史籍记载，当时孔门诸多弟子为老师守墓三年，独子贡一人筑庐于泗水之上的孔子墓前，为之守节六年而去；还有很多的弟子甚至将家迁居至先师陵墓周边，"庐于墓旁者百余室"，因名其地为"孔里"，并各植树一棵，为先师终生守护！

诸弟子为其师守墓期间，大家对老师的离世都很不适应，认为应该有一个人来代行师傅,以带领诸弟子行其礼仪。孔门众弟子中,有若(姓有名若,字子有)形象酷似孔子,加之其学问人品皆为同门认可,所谓"有子之言似夫子也",于是"弟子相与共立为师"。

但是无论如何,老师的离世,还是令孔门弟子不知所措。一个很现实的问题就摆在了大家的面前:接下来该为老师做点什么呢?"相与辑而论纂"夫子言论言行,自然成了孔门弟子寄托哀思,追怀先师恩德最好的选择!

今本《论语》篇幅不多,却有不少重复章节,有些增减一两字,详略不一。对此,后世学者一般认为:孔子的言论在当时各弟子皆有记载,后来才汇集成书,故有重复、详略不一情况。先秦古书多非作于一时,也非成于一人之手,因此,《论语》一书也并不是由某一个人编著而成的。

《论语》一书系孔子去世后,孔门弟子"为追念恩师所编纂的恩师言行录"。然而,究竟是哪些"门人"参与了《论语》的编撰呢?古今学者众说纷纭:

一曰"仲弓、子游、子夏等撰"说:

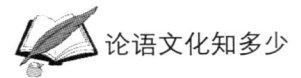
论语文化知多少

东汉思想家、经学家郑玄整合《论语》，编撰《论语注》，首次提出《论语》系由"仲弓、子游、子夏等撰"（唐代陆德明《经典释文》转引郑玄注）。三国曹魏著名经学家王肃也认为《论语》系仲弓、子游、子夏等人所编。这个说法影响极大，后世专家学者多信而不疑。如唐代李善所注《昭明文选》引《傅子》的话说：

昔仲尼即殁，仲弓（孔子学生冉雍，字仲弓）之徒追论夫子言，谓之《论语》。

二曰"曾子弟子编纂"说：

不过，唐代人柳宗元不以为然，提出了《论语》系由"曾子弟子编纂"说。《全唐文》载柳宗元《论语辩》就认为：

孔子弟子，曾参最少，少孔子四十六岁。曾子老而死。是书记曾子之死，则去孔子也远矣。曾子之死，孔子弟子略无存者矣。吾意曾子弟子之为之也。

该段认为在孔门弟子中，曾子最小，而《论语》记载了曾子的死事，说明子夏、子游等人不可能编辑《论语》。故编辑此书的应当是曾子的弟子，完成于曾子死后。

杨伯峻先生在他的《论语译注》中，对于《论语》一书的编撰，考论认为：通过对《论语》的篇章分析，实际上孔门很多弟子都参与了《论语》的编撰。《论语》一书有孔子弟子的笔墨（如子张、原宪等），也有再传弟子的笔墨（如曾参、子夏、子张等）。他认为《论语》一书的编撰与成书，成于众人之手，年代跨度很大。不过先生考论指出：

其一，《论语》不但对曾参无一处不称"子"，而且记载他的言行最多。

其二,在孔子弟子中不但曾参最年轻,而且有一章还记载着曾参将死之前对孟敬子的一段话。

所以,杨伯峻先生认同柳宗元的推论,认为《论语》一书最后是由曾参的弟子完成的。

三曰"有子、曾子弟子所编"说:

进一步分析后人们还发现:《论语》中有些篇章是孔子弟子所写,有些篇章则出于再传弟子之手。所以,到了宋代,理学家程颐则提出了"有子、曾子弟子所编说"。朱熹《四书章句集注》引程子言:

论语之书,成于有子曾子(有若和曾参)之门人,故其书独二子以子称。

四曰"子贡、子游所编"说:

对于哪些孔门再传弟子参与了《论语》编撰这个问题,历代专家学者考论也很多,分歧也很大。南宋著名的哲学家陆九渊等认为是"子贡、子游所编"。《象山集》中说:

王肃、郑康成(郑玄)谓《论语》乃子贡、子游所编,亦有可考者,如《学而》篇"子曰"次章便载"有若"一章。又"子曰"而下载"曾子"一章,皆不名而以"子"称之,盖子夏辈平昔所尊者此二人耳。

五曰"子游、子夏、子张编著"说:

清代文字学家翟灏考论认为:《论语》编著除了子夏、子游之外,可能还有子张。其所撰《四书考异》云:

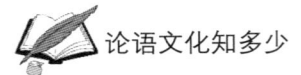

《论语》第十九篇,附记群贤之言,子张、子夏、子游为多,而子张居篇首。曾子虽称"子",却居三子后。又似门人之各尊其本师也。且"子张书绅",明见语中,则游、夏外应更属子张为记录人矣。先儒皆不言子张而言仲弓,不知又何别本?

六曰"有子、曾子、闵子、冉子弟子"说:

到清代,经学家顾成章《论语发疑》考论认为:有若、曾参、冉有和闵子骞都是鲁国人,"孔子卒后,盖皆设教于鲁",所以今传《论语》即《鲁论》,盖自有子、曾子、闵子和冉子之门人传授及于后世者。实际上四人也是孔门弟子中被称为"子"的四位。

04 《论语》一书的核心思想与主要内容

"四书"是公认的儒学经典,但它并不是一本书,而是由《论语》《孟子》这两部书和《大学》《中庸》这两篇文章合辑在一起的统称。又因它们分别出于早期儒家的四位代表性人物曾参、子思、孔子和孟子,所以也称为"四子书"。

作为中华民族的传统文化的代表,儒家学说的经典之作,"四书"不仅保存了儒家先哲的思想和智慧,也体现出了早期儒学形成的嬗递轨迹。"四书"蕴含了儒家思想的核心内容,也是儒学认识论和方法论的集中体现,在中国思想史上产生过深远的影响。这其中有许多优秀的思想,是华夏无数先贤实践思考的结晶,至今读来,仍不失其深刻的教育意义和启迪价值,堪称是源远流长的民族文化精华。

《论语》作为孔子及门人的言行集,记录了孔子的大量言论和一生的主要事迹,也载有孔门弟子的言论和事迹。今本《论语》20篇,共492章,其中:

(1) 记录孔子回答弟子之问、孔子回答时人之问之论之语约444章;

(2) 记孔门弟子之间的言语、弟子们互相传的孔夫子言语约48章。

《论语》内容十分广泛,集中体现了孔子在政治、伦理、哲学和教育等方面的思想,是儒家最重要的经典著作。《论语》的

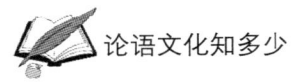

思想与智慧涉及人类社会生活的方方面面，对中华民族的心理素质及道德行为产生了重大影响。

1.《论语》一书的核心思想

《论语》一书的核心思想是什么？专家学者众说纷纭，说法很多，几乎穷尽了孔子思想的全部范畴。不过，这其中以"礼"说和"仁"说的影响最大。

1)"仁"

著名学者代表有匡亚明，代表作品《孔子评传》。

"仁"是指人与人之间相互亲爱。孔子把"仁"作为最高的道德原则、道德标准和道德境界。此观点认为：儒学即仁学，"仁"是《论语》一书的"思想核心"。《论语》中的"仁"，即仁德，蕴含了君子所有必须具备的道德品性和个人修养，包括孝、弟（悌）、忠、恕、礼、知、勇、恭、宽、信、敏、惠等内容，比如：

（1）孝：孝悌是仁的根本，是忠的基础。

（2）忠：忠的特点是一个"尽"字，办事尽力，死而后已。

（3）信："信"的含义有二，一是信任，二是信用。

（4）恕：强调"己所不欲，勿施于人"，忠恕之道可以说是孔子思想的重要内容。

2)"礼"

著名学者代表有蔡尚思,代表作品《孔子思想体系》。

此观点认为:仁是人们内心的道德情感和要求,礼是外在的表现。礼以仁为基础,以仁来维护。《论语·泰伯篇》有云:

子曰恭而无礼则劳,慎而无礼则葸(音 xǐ,拘谨、畏惧的样子),勇而无礼则乱,直而无礼则绞。君子笃于亲,则民兴于仁。故旧不遗,则民不偷。

意思是说:只是恭敬而不以礼来指导,就会徒劳无功;只是谨慎而不以礼来指导,就会畏惧拘谨;只是勇猛而不以礼来指导,就会鲁莽惹祸;只是直率而不用礼来指导,就会尖酸刻薄。在上位的人如果厚待自己的亲属,老百姓当中就会兴起仁的风气;君子如果不遗弃老朋友,老百姓就不会对人冷漠无情了。

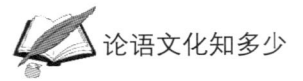

只有在"礼"的指导下,才符合中庸的准则,否则就会出现"劳""葸""乱""绞",就不可能达到修身养性的目的。

2.《论语》一书的主要内容

《论语》是一本记载孔子言行的儒家经典之作,从中可以看到春秋时期的孔子所处的历史环境、所经历的历史事件,以及孔子的思想。《论语》内容丰富,涵盖领域十分广泛。

1)关于如何做人

《论语》许多篇章谈到做人的问题,对我们极具借鉴意义。

其一,做人要正直磊落。孔子认为一个人要正直,只有正直才能光明磊落。

其二,要重视"仁德"。仁德是做人的根本,处于第一位。那么怎样才能算仁德呢?孔子认为只有克制自己,让言行符合礼才能仁德。孔子教导弟子要广泛地学习文化典籍,用礼来约束自己的行为,只有这样才可以不背离正道,才能成为仁德之人。

其三,做人要重视修养的全面发展,所谓"三省吾身",强调的就是从自身出发修养品德的重要性。

2)关于君子人格塑造

《论语》许多篇章谈及君子和对君子的人格塑造,并且还提出了许多言行标准及道德修养要求,比如:

(1)"君子不器"。孔子认为作为君子不能只像器具、工具一样,而应以道义作为做人的根本。

(2)重视自我修养。在孔子看来,作为君子就必须重视仁德修养,不能离开仁德;要重视提高自己的素养,对社会多做贡献。

(3)严格要求自己。除了自我修养,孔子还提出了君子的几项标准,如"三戒""三畏""九思"等,从不同角度提出了对君子的要求。

（4）君子要重义避利，追求道义。

（5）君子要"群而不党"。孔子认为，君子立身处世做人，既要积极融入社会，又不能拉帮结派，而应以平等心对待所有的人。

3）关于学习

《论语》中关于学习的思想极其丰富。

（1）学习的态度。孔子认为，追求学问第一在于爱学、乐学，第二要"学而不厌"，第三应该专心致志、知难而进，第四要虚心求教、不耻下问等。

（2）学习的方法。这方面最著名的莫过于"学而时习之，不亦说乎""温故而知新，可以为师矣"。

（3）学习的内容。一方面"文、行、忠、信"，重视博学、多学；另一方面也不能偏颇，强调学习要抓根本的东西，处理好博与精的关系。

（4）学习的目的。孔子强调"学以致用"，认为读书的目的不在于死记书本，而在于应用，"举一反三"灵活地运用知识。

4）关于教育思想

孔子作为我国古代同时也是世界著名的教育家，《论语》对此有较多的概括，其中很多都是孔子教育思想之闪光点，比如：

（1）"有教无类"的教育指导思想。

（2）"因材施教"的教育基本方法。

（3）"六艺"：十分广泛的教育内容。

（4）"仕""君子"：服务社会的教育的培养目标。

5）关于治国与安邦

这方面，《论语》概括了以下几个方面的内容：

（1）治国的根本在于"人伦纲常"，认为只有用礼让的精神

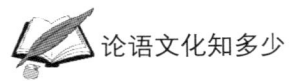

治理国家,人伦纲常的"礼"才能得以保证。

（2）治国的前提在于统治者要严于律己,认为君主要治理好国家,必须端正自身,严格要求自己。

（3）治国的基本方法:"选才、富国、育人、立法"。

（4）治国的基本原则:爱护人民,讲究信用。

总之,《论语》从多个角度反映了孔子思想的博大精深,其中的许多思想对于今天社会、对于当代人都极有价值!

05 《论语》所见孔子的身世与家庭悲剧

前195年,汉高祖刘邦过鲁,以"太牢"规格祭祀孔子,首次将"家祭"性质的祭孔活动升格为祭孔大典。尤其是汉武帝(前141—前87年)采取董仲舒"罢黜百家,独尊儒术"的建议,儒家学说自此作为官方正统学说,历朝历代受到提倡、保护与尊崇,如西汉昭帝封孔子为"褒成宣尼公",北魏孝文帝称孔子为"文圣尼父",唐玄宗又晋升之为"文宣王",宋真宗加谥为"至圣文宣王",明世宗称孔子为"至圣先师",清顺治皇帝加称为"大成至圣文宣先师"。

孔子是教育家,亦是政治家。孔子去世后,历代帝王为彰显对孔子的尊崇,不断对其追封追谥。然而正因"为尊者讳"的历史编纂传统,使历史上对这位圣人的身世与家庭虽有记载,却依旧众说纷纭。

关于孔子的身世与家庭,按司马迁《史记·孔子世家》记述,大致是说:孔子出生在今山东曲阜东南,他的祖先是宋国人,叫作孔防叔。防叔生了伯夏,伯夏又生了叔梁纥(音 hé),叔梁纥与颜姓女子"野合"而生孔子。

以上文献记述,涉及两个问题:

(1) 出身:贵族后裔。

孔子祖籍河南商丘,祖先是商朝开国君主商汤的后代宗室,贵族出身。武王伐纣,建立周朝,为安抚商朝的贵族,封于亳

（音 bó，在今河南商丘县东南），国号宋，也就是后来的宋国，所以孔子算是殷商贵族的后裔。

不过，孔子的六世祖孔父嘉因宫廷兵变而被杀，孔子的先祖从宋国逃到鲁国，从此孔氏家族便成了鲁国人。

孔防叔为孔氏自宋迁鲁的第一代，防叔生伯夏，伯夏生叔梁纥，叔梁纥就是孔子的父亲了。当时，叔梁纥只是鲁国宫廷一名地位不高的侍卫武士，孔子家族至此已经败落！

天伦之乐

（2）"野合而生孔子"。

因为司马迁"纥与颜氏女野合而生孔子"的记述，引发了后世对孔子身世之谜的探讨，大致有三种说法：

第一种说法，孔子就是"私生子"。

人们从以上《史记》的记述，再结合孔子的母亲颜氏一直对孔子隐瞒生父的情况，以及孔子"吾少也贱"的自述，认为孔子就是"私生子"。

第二种说法，"祈求赐子""梦孕而生"。

这种观点的依据：一是司马迁说颜氏"祷于尼丘得孔子"的记述，二是汉代佚名编著《论语撰考谶》（音 chèn，意思是秦汉间巫师、方士编造的预示吉凶的隐语）有关颜氏"梦孕而生"孔子的记说。

第三种说法，不合礼俗的结合，谓之"野合"。

汉代司马迁《史记》说：

今此云野合者，盖谓梁纥老而征在（孔母姓颜名征在）少，非当壮室初笄之礼，故云野合，谓不合礼仪。

汉代司马迁《史记》对"野合"之说的解释也很具体，云：

男八月生齿，八岁毁齿，二八十六阳道通，八八六十四阳道绝……婚姻过此者，皆为野合。

文献记载，孔父叔梁纥大人先娶施氏，生有九女而无一子，后来妾诞生一子孟皮，但有足疾。当时的情况，女子和残疾的儿子都是不宜继嗣的。叔梁纥晚年（70 岁左右）时与年轻女子颜征在（17 岁）生下孔子。

一是颜征在出身贫寒，二是古代有男性 64 岁以后不宜再娶的礼俗。叔梁家族当然不认可这门婚姻，不接受颜氏女。叔梁纥和颜征在不合礼俗生下了孔子，其对孔子幼小心灵的影响可想而知！

孔子一生命运多舛，可算个典型的悲剧人物。他周游列国，堪称壮举。然而 14 年间，饱尝艰辛。67 岁，已是暮年的孔子虽然回到曲阜，然鲁国终不能用孔子，而且不如意之事接二连三，晚景实在凄凉！

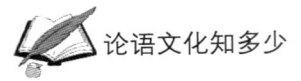

特别是家庭的不幸,更让圣人孔子的人生平添悲剧色彩!

1. 幼年"失怙",少年丧母

文献记载,孔子3岁时,父亲离世。后来孔子母子不为施氏所容而被扫地出门,颜征在只好携孔子与孟皮一家移居曲阜阙里(位于曲阜城内孔庙东侧),沦为"贱民",开始了母子相依为命、孤苦伶仃的童年生活。

孔子17岁时,相依为命的母亲积劳成疾、染病去世,孔子彻底失去了依靠,成了"孤儿"。

幼年失怙(音 shīhù,古人谓丧父为"失怙"),少年丧母,世态炎凉,早年孔子之伤痛与辛酸可想而知!

2. 休妻之累

孔母过世两年后,19岁的孔子娶宋国亓(音 qí)氏之女。不过从文献记载看,孔子的婚姻并不幸福,或许是因为家族包办,加之孔子长年周游列国,与亓氏女聚少离多,最终导致孔子"出妻"("休妻")事情的发生。

对孔子"休妻"事虽结论不一,但从《礼记》到朱熹《四书集注》等文献都是肯定的,应该是有据可考的。孔子的夫妻生活过得不好,终致夫妻离异,不能不说也是一个悲剧!

3. 丧子之痛

孔鲤,字伯鱼,亓氏所生。历史上的孔鲤无所建树,但他的儿子孔伋(字子思)却是一个人才,子思不仅是"四书"《中庸》的作者,而且还是孟子的老师。《论语》有"孔鲤过庭"一章,教其子"不学诗,无以言""不学礼,无以立",对儿子谆谆教诲,寄予希望!

可是就在孔子回到鲁国的第二年，孔鲤死了。孔鲤是被人射死的，年仅 50 岁。孔鲤是孔子唯一的儿子，其儿子虽然没有才华，却是他的一份情感寄托。孔子遵循礼，儿子死时有棺而无椁，这是他作为圣人的忘情之处。孔子在 69 岁的年龄失去了自己的独子，晚年丧子，悲痛莫名！

4. 孟皮之疾

孟皮，孔子同父异母的哥哥。史籍记载，孟皮有足疾，所以成年后的孔子对哥哥一家很照顾，不仅经常回乡看望，而且帮助孟皮之子孔蔑读书识字，教导其为人处世、从政做官之道，还帮助孟皮之女成家。孟皮去世后，孔子将哥哥葬在防山父母的墓旁，并遵哥哥的嘱托，更加关心孟皮的家人。

古人把幼年丧父、中年丧妻和老年丧子称为人生三大不幸，孔子一生全遇之。命运待他，实在残酷。少年孤苦，中年漂泊，晚年鳏居，一生主张爱敬孝悌、家庭和睦的孔子，并没有享受多少天伦之乐！

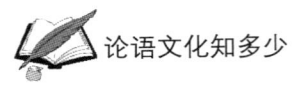

06 《论语》的历史承传及在西方的传播

1.《论语》的历史承传

杨伯峻先生《论语译注》中认为,"《论语》编纂成书虽在孔子死后七十多年,但着笔或许较早,甚至也并不是一人的笔墨",所以,"《论语》是采辑孔门弟子或再传弟子有关笔墨,在战国初期编纂而成的书"。

秦始皇焚书坑儒,先秦儒家学说的书籍几乎消亡殆尽。随后经过汉初几十年的过渡,到汉武帝"罢黜百家,独尊儒术",《论语》被尊为"群经之锁钥,百代之权衡"。此后两千多年间,虽然儒家思想一直保持着正统思想地位,然其间仍有动摇和沉寂。这便是《论语》承传的历史文化背景。

1) 两汉时期

大一统背景下,两汉时期儒家思想占据统治地位。

西汉前期,今文经学家把儒学神学化,"五经"皆有相应的"谶纬",其中就有《论语纬》。

先是汉成帝时期的张禹,专授《论语》,以鲁论为基础,并参考齐论,重新整编,这个版本称《张侯论》。张禹为汉成帝帝师,极为尊贵,所以他的这个本子便为当时一般儒生尊奉。今天通用的《论语》仍然是这个本子。

到东汉末年，经学大师郑玄（字康成），整理古籍，博采众长，同时还对《论语》进行新的注解，著有《论语注》。

不过，两汉时期，《论语》还不是经典，只是一般性的启蒙修身读物而已。

2）魏晋时期

在国家分裂与民族大融合背景之下，这一时期的儒家思想失去了统治地位。

随着经学到玄学的转变，士人开始用玄学的眼光去解释儒家经典，如何晏的《论语集解》、王弼的《论语释疑》等。东晋偏安，晋元帝置《论语》博士，为历史上专门研究《论语》的学官。南朝皇侃的《论语集解义疏》进一步发展了"何注"的玄虚风格。

3）科举以来

隋唐延至宋元明清，在大一统背景下，科举大盛，儒家思想一直占据统治地位。

隋唐开创科举，但当时的"九经"并不包括《论语》，所以科举考试中没有《论语》。不过《论语》是唐代儿童蒙学重要读物，十分普及。20世纪敦煌、吐鲁番文书中都发现过《郑注论语》的唐写本。

南宋著名理学家朱熹取《礼记》中的《中庸》《大学》两篇文章单独成书，与《论语》《孟子》合为"四书"，与"五经"并称"四书五经"，"四书五经"始成为中华文化的核心经典。这一背景下，科举考试也增加了《论语》帖试。

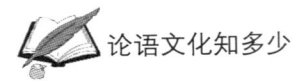
论语文化知多少

南宋光宗绍熙年间,理学家朱熹在福建漳州将《礼记》中《大学》《中庸》两篇拿出来单独成书,和《论语》《孟子》合为"四书",并作为一套经书刊刻问世。

北宋教育家、国子监祭酒和经学大儒邢昺(音 bǐng)在何晏的《论语集解》基础上对《论语》进行重新疏解。

宋明数百年间,程朱理学被定为正统,朱熹《四书集注》受到空前未有的重视,也是发行量最大的注本。

晚清民国,刘宝楠《论语正义》、程树德《论语集释》、杨树达《论语疏证》、钱穆《论语新解》、杨伯峻《论语译注》等,都是这一时期《论语》校勘研究的代表成果。

2.《论语》在西方的传播

从元代《马可·波罗游记》,特别是明末清初西方传教士将中华文明介绍给西方后,孔子也被国际社会广泛了解并接受,因此跻身于人类历史上最伟大的思想家、文化名人行列。孔子之所以能享此殊荣,跟《论语》一书的传播密不可分。追本溯源,《论语》在西方的传播已有 400 年历史,其中经历了三个阶段:

1) 肇始阶段

明末清初，当西方传教士在把"西学"传到中国的同时，也开始把中国的传统文化包括《论语》介绍给了西方社会。

首先对《论语》进行翻译的是意大利传教士罗明坚和利玛窦。二人都曾将"四书"翻译为拉丁文，供传教人士认识汉字，熟悉中国儒家经典。可惜译本未能刊行流传下来。

1687年，柏应理等17位传教士翻译编辑的《中国哲学家孔子》一书，在欧洲先后以拉丁文、法文、英文出版，影响很大，是《论语》最早的西文译本。

1711年，比利时传教士卫方济在布拉格出版《中华帝国六经》包括了《论语》《大学》《中庸》《孟子》《孝经》和朱熹的《小学》。这是西方最早的"四书"全译本。

2) 发展阶段

19世纪后半期到20世纪上半期，《论语》的西文译介与研究进一步发展，代表人物是理雅各、顾赛芬、卫礼贤和韦利。

传教士、香港英华书院校长理雅各，是近代英国第一位著名的汉学家。理雅各翻译并出版《论语》是在19世纪40—60年代。译本在汉英正文之后还附以评论性注释，征引了300多种重要儒家注疏，融入了古往今来的儒家学术传统，水平极高。

法国传教士顾赛芬翻译的包括《论语》在内的中国典籍，为古籍中的每一个汉字都注出了法语读音，提供了法语与拉丁文并列的译文范本，使其成了法语、拉丁语读者的"经典翻译"。

德国传教士卫礼贤是"中学西播"历史上的功臣。他翻译的《论语》有三个译本。他对《论语》的德译本与研究，直到21世纪依旧是德语世界的标准之作。

著名英国汉学家韦利翻译的《论语》，被认为是西方最具才学的《论语》译本。

3) 兴盛阶段

中国改革开放以来,越来越多的西方学者开始关注中国文化,《论语》译介与研究成果也越来越多,比如:

比利时著名汉学家李克曼的《论语》译本;

美国汉学家安乐哲和罗思文的《论语》译本;

美国汉学家森舸澜的《论语》英译本等。

美国汉学家白牧之和白妙子夫妇的专著《原初的〈论语〉:孔子及其弟子的言论》;

美籍华人历史学家金安平女士的《孔子:喧嚣时代的孤独哲人》;

美国学者孟久丽所著的《道德镜鉴:中国叙述性图画与儒家意识形态》等。

07　古今中外对孔子与《论语》的评价

《论语》是人类文化遗产中的一颗璀璨明珠,不仅对中国影响巨大,而且很早就传到海外,作为中国传统文化代表性著作,在世界范围产生了巨大影响。

截至 2014 年底,全球已有 127 个国家和地区开办了 476 所孔子学院和 851 个中小学孔子课堂。20 世纪 70 年代,联合国教科文组织就把孔子列为世界十大文化名人,把"己所不欲,勿施于人"作为世界人权的基础,把"修身、齐家、治国、平天下"确定为全世界人生理念的榜样。

1988 年 1 月,75 位诺贝尔奖获得者在巴黎聚会,发表共同宣言称:"人类要在 21 世纪生存下去,就必须回到二千五百年前,去吸取孔子的智慧。"(汤恩佳:《孔学论集》)

1. 中国人对孔子与《论语》的评价

汉高祖刘邦过鲁,以"太牢"〔《礼记》:古帝王祭祀,牛、羊、豕(音 shǐ,猪)三牲全备为"太牢",为祭祀之最高规格〕祭孔,首次将"祭孔"升格为"国之大典";汉武帝"罢黜百家,独尊儒术",儒家思想成了中央王朝的统治思想。

两千多年来,孔子享誉极高,被尊为"圣人""至圣先师""万世师表",《论语》的价值观和道德观渗透到整个社会。

(1)子贡曾经评价老师的道德与学问,曰:"夫子之墙数仞,

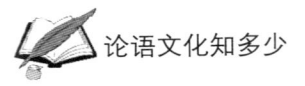

不得其门而入,不见宗庙之美,百官之富。"

(2)孟子本人对孔子十分崇拜,说孔子是"集大成者","自有生民以来,未有孔子也"。

(3)司马迁编撰《孔子世家》,将孔子与王侯将相置于同等地位,而且评价说:"孔子布衣,传十余世,学者宗之……可谓至圣,故为世家!"

(4)唐人薛放评曰:"论语者,六经之菁华,孝经者,人伦之本。"

(5)宋人罗大经《鹤林玉露》记宋初宰相赵普,曾经对太宗赵光义说:"臣平生所知,诚不出此(指《论语》),昔以其半辅太祖(赵匡胤)定天下,今欲以其半辅陛下致太平。"

(6)北宋理学家、教育家程颢和程颐曰:"于(论)《语》、《孟》(子)二书,知其要旨所在,则可以观五经矣。"

(7)南宋朱熹评说:"天不生仲尼,万古如长夜。"他还将《论语》编入"四书",使《论语》成为科举考试最基本的教材。

(8)清代学者陈澧在《东塾读书记》中评曰:"经学之要,皆在《论语》中。"

(9)清代学者李元度评曰:"论语所言之义理,精且粹矣……论语之文,能以数语抵人千百言,如太和元气,如化工之肖物,各无遁形。"

(10)清末满族学者唐晏称《论语》为"群经之锁钥,百代之权衡"。

(11)中国当代大儒家梁漱溟先生早在1934年就曾经评说:"孔子学说的价值,最后必有一天一定为人类所发现,为人类所公认,再重光于世界。"

(12)林语堂《论孔子的幽默》:"《论语》一书有很多孔子的人情味,须知孔子是最近人情的,他是恭而安,威而不猛,并不是道貌岸然,冷酷拒人于千里之外,但是到了程朱诸宋儒的手中，孔子的面目就改了。"

2. 西方人心中的孔子与《论语》

今天，在德国柏林得月园的入口处矗立着一尊孔子的塑像，塑像基座上刻着《论语》名言："己所不欲，勿施于人。"

在西方，孔子与古希腊哲人苏格拉底、柏拉图一样享有盛名。在西方出版的《历史上100位最有影响的人物》中，排名第五的是孔子，绝大部分西方人对孔子推崇备至、尊敬有加。

（1）传教士利玛窦在《中国传教史》中说："中国最伟大的哲学家是孔子。他所说的和他的生活态度，绝不逊于我们古代的哲学家。"

（2）黑格尔认为"孔子的哲学就是国家哲学，构成中国人教育、文化和实践活动的基础"，评价说孔子是"一个实际的世间智者"。

（3）18世纪法国启蒙运动的代表人物伏尔泰认可孔子所说的"己所不欲，勿施于人"；伏尔泰尤其赞美孔子"以直报怨，以德报德"的格言，以为"西方民族，无论如何格言，如何教理，无可与此纯粹道德相比拟者。"他还在自己的礼拜堂中挂了孔子的画像，朝夕礼拜。

（4）法国重农学派的创造者法郎士·魁奈评价说："孔子立教的目的在于恢复人类天性，不再为愚昧和情欲所蒙蔽。"他认为希腊哲学不如中国，一部《论语》即可打倒希腊七贤。

（5）法国在1793年宪法所附《人权和公民权宣言》及1795年宪法所附《人和公民的权利和义务宣言》中，都写入了孔子的名言"己所不欲，勿施于人"，分别定义为"自由的道德界限和公民义务的原则"。

（6）英国哲学家罗素在《中国问题》一书中曾写道："中国至高无上的伦理品质中的一些东西，现代世界极为需要。"这些品质

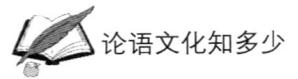 论语文化知多少

"若能够被全世界采纳，地球上肯定会比现在有更多的欢乐祥和"。

（7）20世纪70年代英国的历史哲学家汤恩比博士说："全世界的未来在中国，唯有中国孔孟学说与大乘佛法，能拯救全世界。"

（8）美国1985年出版的《人民年鉴手册》列出世界十大思想家，孔子被列为十大思想家之首。

（9）"日本现代企业之父"涩泽荣一说："要把现代企业建立在算盘和《论语》的基础上，我的成功经验就是《论语》+算盘=成功。"

（10）美国前总统里根说："孔子高贵的行谊与伟大的伦理道德思想，不仅影响了他的国人，也影响了全人类。孔子学说世代相传，提示全世界人类丰富的为人处世原则。"

（11）1989年10月，联合国教科文组织与中国孔子基金会在北京、曲阜举办了"孔子诞辰2540周年纪念与学术讨论会"，时任联合国教科文组织干事泰勒博士在致辞中说："如果思索一下孔子的思想对当今世界的意义，人们很快就会发现，人类社会的基本需要在过去2500多年里，其变化之小是令人惊奇的。不管我们取得进步也好，或者缺少进步也好，当今一个昌盛、成功的社会，在很大程度上仍然是立足于孔子所确立和阐述的许多价值观念。这些价值观念是超越国界和超越时代的，它属于中国也属于世界，属于过去并照耀着今天和未来。"

（12）2001年，美国加利福尼亚州议会通过决议，将孔子的生日9月28日定为"孔子日"，同时也将该日定为美国加利福尼亚州的教师节。

08 千古谎言:"半部《论语》治天下"

说到《论语》在古代社会生活和政治生活中的地位与作用,以及古人对《论语》的推崇,大多数人都会想到"半部《论语》治天下"这句话。相传这句话是北宋宰相赵普所说。

文献记载说赵普平生喜读《论语》,因而有"半部《论语》治天下"之说。今本《辞海》(上海辞书出版社 1982 年版)解释说:"(赵普)少时为吏,读书不多,相传有半部《论语》治天下的说法。"那么,"半部《论语》治天下"这句话到底是怎么来的?这句话真的是赵普说的吗?

1. 这句话到底是怎么来的?

赵普,字则平,幽州蓟县(今天津蓟州区)人,北宋宰相。晚唐五代,家国不宁,赵普祖上为地方官。赵普为人淳厚,沉默寡言。后周显德三年(956 年),柴荣用兵淮上,赵匡胤攻下滁州,宰相范质奏请任命赵普为军事判官,后又上书朝廷任他为掌书记。建隆元年(960 年)正月,契丹勾结北汉犯边,赵匡胤率军北征,兵行开封东北四十里之陈桥驿时,赵普等人为赵匡胤谋策,托故不行,将赵匡胤灌醉,然后以杏黄龙袍加身,发动陈桥兵变。赵匡胤在既成事实面前,从后周幼主恭帝手里接过"禅位"书,建立宋朝,是为宋太祖。

赵普于乾德二年(964 年)任宰相,协助太祖筹划削夺藩镇、罢禁军宿将兵权、实行更戍法、改革官制、制定守边防辽等

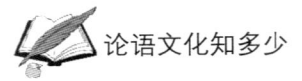

许多重大措施,为北宋开国二十四功臣之一。太宗朝曾两次为相,淳化三年(992年)因病辞退,封魏国公,死后谥"忠献"。《宋史·赵普传》记载:

> 普少习吏事,寡学术,及为相,太祖常劝以读书。晚年手不释卷,每归私第,阖户启箧(音qiè,藏物之具,大曰箱小曰箧)取书,读之竟日。及次日临政,处决如流。既薨(音hōng,古代二品以上官员去世,称为"薨"),家人发箧视之,则《论语》二十篇也。

赵普论政

赵普年轻时少读书,后来做了宰相,手不释卷,喜欢读《论语》,这是可以肯定的,然而正史并没有关于赵普语太祖赵匡胤"半部《论语》治天下"之记载。

"半部《论语》治天下"这个说法最早出自南宋一位叫林駧(音dòng)的学者撰《古今源流至论》前集卷八《儒吏》所记:

"赵普,一代勋臣也,东征西讨,无不如意,求其所学,自《论语》之外无余业。"该书在这段话的下面,小注曰:

赵普曰:《论语》二十篇,吾以一半佐太祖定天下。

随后,南宋文学评论家罗大经在其所撰《鹤林玉露》中也有记载:

杜少陵(杜甫,字子美,自号少陵野老)诗云:"小儿学问止《论语》,大儿结束随商贾。"盖以《论语》为儿童之书也。赵普再相,人言普山东人,所读者止《论语》……(宋)太宗尝以此论问普,普略不隐,对曰:"臣平生所知,诚不出此。昔以其半辅太祖定天下,今欲以其半辅陛下致太平。"

实际上,以上两本书中并没有"半部《论语》治天下"这一完整的语句出现,而将其语意敷衍成"半部《论语》治天下"一说的,则始于元代著名戏曲作家高文秀,在其所著杂剧《好酒赵元遇上皇》(也叫《好酒遇上皇》)曲文的第三折中,有这样一句台词:

每决大事,启阁观书,乃《论语》也。此时称小官以半部《论语》治天下。

元朝时期,对汉文化的践踏使得儒学和知识分子的地位低下,所谓"九儒十丐",儒生被称为"老九",其地位与乞丐不相上下。高文秀的《好酒赵元遇上皇》,其实写的并非是赵普的事迹,所谓"半部《论语》治天下",也不过是被冷落的儒生们聊以自慰、自我吹嘘心态的流露而已!

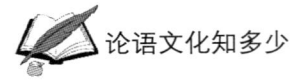

然而，高文秀的《好酒赵元遇上皇》中的一句戏剧台词，不仅成为罗大经上述话语的衍生品，而且还硬生生地与赵普联系在一起。所谓赵普"半部《论语》治天下"这句话，也借助戏剧这一大众化的文艺形式，从元代开始便广泛流传开来！

2. 这句话是否有历史依据呢？

因为正史没有记载，相关文献资料也未涉及。所以，自20世纪80年代以来，专家学者对此说便从不同方面提出质疑，比如宋定国教授在其所著《国学纵横》中，从五个方面做了考论：

（1）从《宋史》记载看：既然赵普是在当了宰相后才受劝读书，手不释卷的也只是一部《论语》，这说明宋太祖当皇帝与《论语》并无关系，所谓赵普"昔以其半辅太祖定天下"，是不符合史实的。

（2）《宋史》是在元代编撰成书的，其时赵普"半部《论语》治天下"的戏剧台词已流行多年，如此惊世骇俗的典故，如果属实，史书肯定会提及，然而《宋史·赵普传》对此却没有提及。

（3）历史上，赵普曾经被太祖削去相位，宋太宗顺利当上皇帝后就给恢复了（"赵普再相"）。可见赵普与太宗关系非同一般，假如赵普"半部《论语》治天下"实有其事，为什么在太宗亲自撰的《赵普神道碑》中却只字未提呢？

（4）史学家李焘生活在南宋时代，这是一个理学盛行、儒家经典（包括《论语》）大受吹捧的时代，可是，在其编撰的《续资治通鉴长编》中，也只字未提及此说。

（5）朱熹不仅编订"四书"，也编撰有《五朝名臣言行录》。《五朝名臣言行录》以赵普居首，要是真有"半部《论语》治天下"的事情，借此抬高《论语》身价，是多么顺理成章的事！然而朱熹著作中片言只语也没有提到。

所以，宋定国教授认为：所谓"半部《论语》治天下"一说，在赵普生前和整个北宋，以及南宋朱熹生前（1200年），都未曾出笼。此说出笼应该是在朱熹逝世之后的元朝。

赵普"半部《论语》治天下"，之所以于史无据但却广为流传肯定有其历史渊源。我们认为，所谓赵普"半部《论语》治天下"，应该是在"四书"鼎定背景下儒家学派的精心杜撰，是极力宣扬并神化《论语》、神化孔子的产物！

第二篇 经典篇章

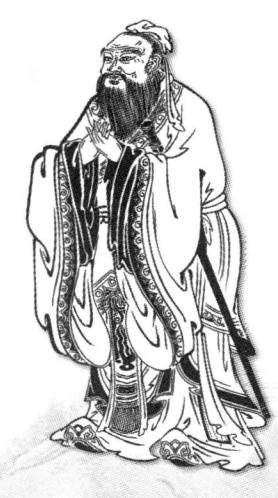

01　巧言令色，鲜矣仁！

子曰："巧言令色①，鲜②矣仁！"

——《论语·学而》

注释小译

①巧言令色：有意说好听的话，并做出和善的样子。巧、令，都是美好的意思。
②鲜：音xiǎn，少。

孔子认为，花言巧语，装出和善的样子，这种人很少有仁德。

白话解读

"仁"是孔子儒家思想的根基，礼、义、忠、孝、恕，都始于人们内心的善良、仁慈。孔子主张的个人道德修养，是从内心开始，要保持内心的纯净，如赤子般正直、善良，充满爱心。只有当一个人有一颗温暖的心，他的一言一行才会是友善的。也就是说，仁爱之心，是由里而外自然流露出来的。在孔子看来，如果没有真实的善良仁爱，就没有必要在言行上多加要求。孔子的

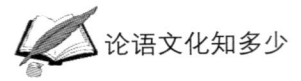

一个学生认为，为父母服丧三年时间太长了，问老师可不可以短一些，孔子点头说可以。后来他对其他学生解释说，如果一个人内心对父母去世已经不悲伤了，他也就不用继续守下去。如果内心没有悲伤，守下去也不过是做表面的形式而已。可见孔子看中的是一个人内外的统一，他主张的"仁"，也是发自内心地对他人的友善与尊重。这样的人，往往是在行为上表现出对他人的关爱与友好，言语上也是自然朴实地表达出内心的善意。

如果一个人要刻意讨好别人，才会在言语上、表情上夸张地表现出友善，这里面就有了虚夸的成分，甚至有虚假的成分。所以，孔子反对"巧言令色"。人们也不喜欢花言巧语和心口不一的人，这种人往往人前一套，人后一套；说的是一套，做的又是另一套。他们用巧言令色掩盖自私、丑恶的内心，欺骗他人，从而达到自己的目的。

孔门儒学特别重视以下两点：一是强调从心体上立命，重视内心，不在外表；二是无论仁、义、礼、智、信、孝悌，重在实践，看行动。

所以，在言语上，儒家明确崇尚质朴，反对言语上的虚夸、虚假，提醒人们小心"巧言令色"导致的混乱；主张"言忠信，行笃（音 dǔ，忠实，一心一意）敬"，即说话忠实诚信，行为忠厚谨慎；主张"先行其言而后从之"，先把事情做好，然后再说，强调言必行，行必果，忌空谈重行动。具体到说话上，有三个明确要求：一是"讷于言"。子贡问君子是什么样的人，孔子回答说"君子欲讷于言而敏于行"，是指君子行动敏捷，言语上迟钝缓慢。至于君子为何在言语上是笨笨的迟钝的样子，《论语》中另有一处可以解释：孔子说，事情做起来那么艰难，说起来怎么可能那么容易！二是"慎于言"。孔子的学生问如何做一个好官，孔子回答说："多闻阙疑，慎言其余，则寡尤；多见阙殆，慎行其余，则寡悔；言寡尤，行寡悔，禄在其中矣。"意思是说，多听多了解，有疑问的多思考，没把握的不要随便说，有把握的也要谨慎地说。三是"无言"。孔子说："予欲无言"，子贡说："子如不言，则小子何述焉？"孔子回答说："天何言哉？四时行焉，百物生焉，天何言哉？"

当然，在与人的交往中，和颜悦色，注意说话技巧，好好与人沟通，也是很有必要的。但现实问题是很多人会吹、会忽悠，我们很难辨别别人的话是真是假。

因此，我们一方面要学会辨别"巧言令色"，不被其迷惑；另一方面我们更应该要求自己言行一致，维护整个社会的诚信。

感悟经典

内心没有仁爱，还要强装笑脸说些言不由衷的话，这样的人自己活得也很痛苦！每个人都面临两个世界：自己的内心世界和外在的现实世界。其成长过程，就是不断向内认识自我，向外认识世界；一方面建立和完善自己的精神世界，安顿自己的心灵；另一方面向外发展，与外在世界和谐相处。如果内心没有对他人的友善与尊重，只是为了各种目的而巧言令色，就会造成内外世界的分裂。

我们每个人都应该考虑这一问题：如何滋养内心的仁爱，让自己成为一个内心温暖的人，从而养成健康人格，让自己有一个坚定温暖的内心世界。这样，无论说话做事，我们都能真正做到与人为善，都能很好地处理好各种人际关系。此外，内心的真诚与善良，既能使自己与外在世界和谐相处，也能让自己内外和谐！

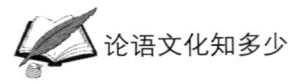

论语文化知多少

> 延伸阅读

成语故事：口蜜腹剑

成语出处：《资治通鉴》

据《资治通鉴》记载：李林甫为相，"尤忌文学之士，或阳与之善，啖以甘言而阴陷之"。李林甫就是这种"口有蜜，腹有剑"，蛇蝎心肠的人。今天人们习惯用"口蜜腹剑"这一成语来比喻口头上说话好听，像蜜一样甜，肚子里却怀着暗害人阴谋的两面派。

李林甫，陕西人，唐玄宗开元年间，先后担任御史中丞、吏部侍郎和宰相等职。其人生性阴柔奸狡，人称"口蜜腹剑"，又称他为"肉腰刀"。

若论才艺，李林甫倒也不错，能书善画；但若论品德，则十分低下。李林甫不仅仗势专权、蔽塞言路、排斥贤才，还忌才害人，凡才能比他强、声望比他高或权势地位和他差不多的人，他都不择手段地排斥打击，导致纲纪紊乱。而对待唐玄宗，他则有一套谄媚奉承的"本领"。他竭力迁就玄宗，讨好玄宗宠信的嫔妃及心腹太监，博取其欢心以便保住自己的地位。

李林甫和人接触时，外貌上总是露出一副和蔼可亲的样子，嘴里尽说些动听的"善意"话，但实际上，他的性格非常阴险狡猾，常常暗中害人。有一次，他装作诚恳的样子对同僚李适之说："华山出产大量黄金，如果能够开采出来，就可大大增加国家的财富，只可惜皇上还不知道。"李适之以为这是真话，连忙跑去建议玄宗快点开采，玄宗一听很高兴，立刻把李林甫找来商议，李林甫却说："这件事我早知道了，华山是帝王'风水'集中的地方，怎么可以随便开采呢？别人劝您开采，恐怕是不怀好意；我几次想把这件事告诉您，只是不敢开口。"

玄宗被他这番话所打动，认为他真是一位忠君爱国的臣子，反而对李适之大为不满。李林甫就是凭借这套特殊"本领"，一直做了十九年宰相。

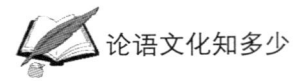
论语文化知多少

02 慎终追远，民德归厚矣

曾子①曰："慎终②追远③，民德归厚矣。"
——《论语·学而》

注释小译

①曾子：孔子学生，名参（音 shēn），字子舆，为人诚实守信，三思而行。曾参是儒家正统思想的传人，他把孔子的思想和学问传授给弟子，上承孔子之道，下启思孟学派，在儒学发展史乃至中华文化史上均占有重要的地位。
②慎终：谨慎地对待父母的去世。终，人死为终，指父母的去世。
③追远：追念久远的祖先。远，远祖，祖先。

曾子的意思是，谨慎地对待父母的去世，追念久远的祖先，这样，百姓的道德风貌就会日趋淳朴敦厚了。

白话解读

"民德归厚"，是说百姓的道德风貌淳朴敦厚，社会风气良好。这是我们文化中的理想社会，既像《礼记·礼运》中憧憬的"大同世界"，又像陶渊明《桃花源记》中描绘的世外桃源，是几千年来人们的共同期盼,也是人们对理想社会的具体描绘。的确,每一个社会成员,都希望与之相处的其他社会成员善良、淳朴,希望人与人之间诚信友善,希望自己生活的这个社会安宁和平。可是,这么多年过去了,在物质文明高度发展的今天,这依然是一个难于实现的梦想!

先哲告诉我们,慎终追远,可以帮助我们实现梦想。儒家重视"孝"的道德教化,孝是百善之先、百行之首,是德之根本。慎终,是"孝"的重要表现,是将孝一以贯之。在父母生病到去世的这段时间,要好好照顾父母;父母去世后要按礼仪安葬,并且时常祭祀,在祭奠的仪式中寄托哀思。这一过程漫长而艰难,是对子女孝心最大的考验。做子女的要经得起考验,必须要有一颗仁爱之心,有对父母的深厚感情,有做人子的强烈的责任感。追远,怀着感恩与敬畏之心,追念久远的祖先,在虔诚的祭祀中,确认自己的来路,感知自己的位置,连接自己与家人的关系,增强家族的血脉认同。一个人如果能够"慎终追远",就能尊敬长辈、友爱兄弟姊妹、团结族人,进而善待他人,社会风气自然就淳朴了。一个民族如果能够"慎终追远",也就意味着能够认同和传承民族文化,将其代代相传,发扬光大。

经典丰润而厚重,给后人的启示也是无穷的。近年来,有学者重新解读这句话,提出新的看法:慎终追远,也在教导人们做事前三思其初衷,并遥想后果,这样就能少做错事。这种看法很有道理。凡事都是如此,因果相连,欲慎其终,先追其远。每件事情的结果,都是由那远因而来,要想有好的结果,一定要有好的初衷、好的开端。

感悟经典

"清明时节雨纷纷,路上行人欲断魂",清明节是我们祭祖扫

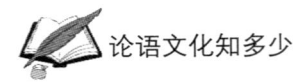
论语文化知多少

墓的日子,这一习俗已经延续了两千多年。两千多年来,人们尽可能赶回家乡,聚在先辈的墓前,共同怀念先辈,感受家人、族人之间的深情厚谊,加深对家国的感情,在礼敬、怀念中升华情感,在思考、感悟中审视生命轨迹,在启迪、激励中怀着希冀前行,在一个个清明的日子里夯实人生理想、深植家国情怀!同时,弄清我们民族的血脉与链条,守住我们的根!

民德归厚是我们永远的向往。要实现千百年来这一美好愿望,每个社会成员都要有爱心、孝心,从对待家人对待父母做起,然后"老吾老以及人之老",实现整个社会的和平与安宁。

延伸阅读 >>

清明寒食节的传说

清明节大约始于周代,至今已有2500多年历史。

最初清明节只是作为一个时令节气,清明一到,气温升高,正是春耕春种的大好时节,故有"植树造林,莫过清明"的农谚。后来,由于清明与寒食的日子接近,而寒食是民间禁火扫墓的日子,渐渐地寒食与清明就合二为一了。

关于清明寒食节的传说:

春秋时期,晋公子重耳逃亡国外,流亡途中,又累又饿,再也无力站起来。随臣找了半天也找不到一点吃的,正在大家万分焦急的时候,随臣介子推走到僻静处,从自己的大腿上割下了一块肉,煮了一碗肉汤让公子喝了,重耳渐渐恢复了精神。当重耳发现肉是介子推割的自己腿的时候,感动得流下了眼泪!

19年后,公子重耳做了国君,重赏当初伴随流亡的功臣,但唯独忘了介子推。然而介子推鄙视那些争功讨赏的人,打点好行装,悄悄地到绵山(今山西翼城县西北)隐居去了。

晋文公听说后,羞愧莫及,亲自带人去绵山找寻介子推。然而绵山山高路险,树木茂密,始终没有找到人。有人献计火烧绵山,逼出介子推。待大火熄灭后,人们才发现背着老母亲的介子推已坐在一棵老柳树下死了。晋文公见状,恸哭不已!

随从装殓之时,从树洞里发现一血书,写道:"割肉奉君尽丹心,但愿主公常清明。"为纪念介子推,晋文公下令将这一天定为寒食节。

拜祭绵山

寒食节期间的习俗,主要有禁火冷食和后来成为清明节主要内容的祭扫坟墓。清明时节,官吏回乡扫墓,时有耽误职守的事,所以唐玄宗时颁布政令解决假期的问题。

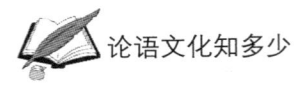
论语文化知多少

03 吾日三省吾身

曾子曰:"吾日三省①吾身:为人谋而不忠②乎?与朋友交而不信③乎?传④不习乎?"

——《论语·学而》

注释小译

①三省:可以理解为每日从三个方面检查自己,也可以理解为多次自觉地检查自己。省(音 xǐng),反省、检查自己的思想行为。
②忠:尽己之心,尽己之力。
③信:诚实、诚信。
④传:老师传授的学问。

曾子说,我每天都从三个方面来反省自己的思想行为:为人谋事都尽心尽力了吗?与朋友交往有不诚实的地方吗?老师教给我的知识,都好好学习并在实践中运用了吗?

白话解读

曾子,作为最得孔子真传的弟子之一,有学者评价说,"独曾子之学,专用心于内"。儒家提倡的修身最重要的是一个人内心的修炼。一个人的成长过程,必定是一个对自己思想行为进行深刻反思,并不断修正自己的过程。

曾子自省的三个方面是一个人立身社会最重要的三个方面,即如何做事,如何待人,如何学习。

如何为他人做事?曾子只用了一个字来作要求——"忠"。忠在古代典籍中解释为"无私,忠也""尽心曰忠",指发自内心的无私与忠诚,可理解为人的某种内在的公正无私的思想情感。为他人做事要忠,也就是凭着一颗纯净善良之心,尽自己最大的努力,尽心尽力为别人把事情做好。我们每个人在为自己做事的时候总能够趋利避害,争取自己的利益,从而把事情做到最好。难的是为他人做事能做到尽心尽力,竭尽忠诚地为他人考虑,把事情做到最好。要做到"己欲立而立人,己欲达而达人",必须有纯净的内心世界和宽阔的心胸,不仅愿意看到别人好,并愿意在这一过程中帮助别人。

在与人交往方面,曾子也用一个字要求自己——"信",就是要诚实守信。这看起来主要是个人的品行问题,但守信的人少了,会成为严重的社会问题,所以儒家特别重视信。诚实守信,是一个人的行为准则,是判断一个人品行好坏最起码的标准。一个人如果不能守信,我们就无法信任他,人与人之间也就无法好好相处下去,更不可能深交下去。如果这样的人在我们的生活中多了,那么,人与人之间的信任、友善随之也都没有了,人人自危。所以,"信"关乎整个社会的和谐幸福!中国社会在经历了四十多年的经济蓬勃发展后的今天,个人与企业都越来越重视自己的信誉。毕竟,信誉是人们立足社会最起码的要求。

如何学习?曾子强调的是——"习"。传不习乎?传,可以指老师传授的知识,也可以理解为传承下来的优秀文化;"习"在这里应该理解为运用、实践。从一以贯之的儒家思想来看,从老师和经典传递下来的,必须在我们的生活中,用我们的一言一

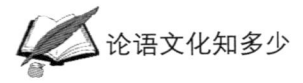

行来践行。它强调的就是学以致用，而学习最高的境界就是将学习到的知识运用起来，因为最好的学习就是能够改变行为的学习！

感悟经典 ▶▶

曾子生活的春秋后期，社会动荡，物质也不丰富，人民的生活十分艰难。但我们的先哲并没有蒙昧地苟活着，也没有为自己生活得更好一些而争权夺利，而是以严格的道德自律，努力成为一个纯粹的人、高尚的人！他们在我们文化的源头，为我们做出人格榜样，树立精神标杆，并引领着我们民族一路前行。在今天，他们依然感动着我们，鼓舞着我们！

希望我们每个人在成长过程中，都能继承儒家优秀传统，像曾子一样不断反省自己，不断提高自我修养，尽己之力为他人、为社会做事，诚实守信对待他人，将优秀传统文化在我们的一言一行中传承下去，努力做好自己，做最优秀最高尚的自己！

曾子所散发出来的人格光辉，是人性中最美好最动人的部分。希望这一人格光辉能成为一种信仰，让我们有勇气面对人生的苦难，始终坚持做一个高尚的人。

延伸阅读 ▶▶

成语故事：周公吐哺

成语出处：《史记·鲁周公世家》

周公，名旦，周文王第四子、武王的弟弟。周公贤能多才，助武王灭商建周，功勋卓著。

周初，周公受封于鲁，他让长子伯禽赴封地，自己则留在镐京(丰京和镐京并称"丰镐",在今西安一带,西周王朝的国都),与召公一起辅佐武王、成王。

伯禽临行,周公告诫他说:"我是文王的儿子,武王的弟弟,成王的叔父,对于天下来说我的地位也算很高了,可是我常常是'一沐三捉发,一饭三吐哺'(说洗头时几次握着湿淋淋的头发跑出来,吃饭时几次把嘴里的食物吐出来),都是为了出来迎接来访的客人,不让天下人寒心!希望你到了鲁国,要勤于政事,爱民如子。"

周公吐哺

周武王病重时,天下未定,百业待举,国不可一日无君。周公非常焦急,来到祖庙,向先王祷告保佑武王身体康复,自己情愿代死。后来,周武王病危,太子才十三岁,他对周公说:"我担心太子过于年幼,把这样大的一个国家交给他,他没有办法治理。我考虑再三,在众多兄弟里面,只有你最有才干,我就把太子、把国家全部托付给你吧。"武王死后,成王继位,由周公摄

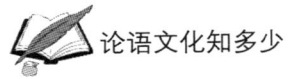

政,代行国政。

周公辅政,为安定国家,不仅制定了嫡长子继承制和分封制,而且还平定了商封王之子武庚叛乱,修建了东都洛邑(洛阳),巩固了周王朝的统治。

周公摄政七年,尽心辅佐成王,并精心创立了周朝的礼乐典章制度。后来,人们根据周公对伯禽"一沐三捉发,一饭三吐哺"的言论,引申出"周公吐哺"这个成语。

04　和颜悦色，侍奉父母

子夏问孝。子曰："色难①。有事，弟子服其劳②；有酒食，先生③馔④，曾是以为孝乎？"

——《论语·为政》

注释小译

①色难：有两种解释：一是侍奉父母，子女能和颜悦色最不容易；一是子女能顺承父母脸色最为难得。色，脸色。
②服其劳：子女出劳力去为父母做事。服，从事、担负。
③先生：先生指年长的人，这里指父母。
④馔（音 zhuàn）：吃喝、食用。

子夏问什么是孝，孔子认为，子女侍奉父母，最不容易的就是对父母和颜悦色。有了事情，儿女替父母去做；有了酒饭，让父母吃，难道能认为这样做就可以算是孝顺了吗？

白话解读

孔子认为，子女侍奉父母，和颜悦色的面色最难能可贵。人的脸色，是由心决定的，脸色是无声语言之一。无声语言称为人的第二语言，又叫态势语。早在有声语言产生之前，人类就用表

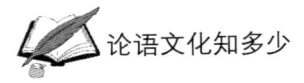

情、手势、目光、体姿等无声语言进行交流，表达意思和情感，所以人们对别人的脸色、语气天生就很敏感，可以通过细微的表情和语气上一点点的不同，判断对方对自己的态度和情感。脸色这些无声语言很难伪装，往往是对方内心深处情感的自然流露，所以子女对于父母，必然有深切笃定的孝心，才会有愉悦的面容。凡事都可以勉强，唯有面色不大容易伪装，因此才说最难。能做到这一点的就可以说是真孝顺了。至于父母有事，做子女的代劳；子女有酒饭，请父母享用，固然是应当的，但并不困难。难的是发自内心的对父母的敬爱，所以侍奉父母的孝心不在于外表，而在于内心。

孔子为"孝"做了详细的解释。子女对父母最基本的是赡养，即在父母年老的时候要为父母提供物质上的保障，要"能养"；有事情的时候，做子女的要替父母去做。在孔子看来，这些都是必需的，即便做到，也还不能称之为孝。要做到孝，必须在孝后加一"敬"字，即我们现在提倡的"孝敬"，孝必须要有内心的尊敬、敬爱，才能称为真正的孝。只有内心真正地敬爱父母，才能做到始终对父母和颜悦色。所以孔子说，色难！

色难，难在哪里？朱熹在《礼记·祭义》中说"孝子之有深爱者，必有和气；有和气者，必有愉色；有愉色者，必有婉容"，子女内心必须具有对父母的深爱，才能去体察父母的心意、容色，去顺从父母之意，满足父母的愿望。这是极高的要求，现在的不少年轻人可能只有在热恋中，才会用心去观察对方的脸色，揣摩对方的好恶，不待对方言说，自然按对方意愿去做。在孔子看来，子女对待父母，就应该具有这样的深情！色难，还难在父母的意见与自己的意见不一致时，或父母的意愿完成起来有困难的时候，能在心里理解、认同，依然心甘情愿地顺从父母，而不会表露出厌烦、为难的神情。

子女的和颜悦色能给父母极大的安慰。其实人与人相处的道理是一样的，我们更在意的是对方的态度。往往一句温暖的话或者一个友善的表情，就拉近了彼此的关系。子女如果有冷漠、厌烦等表情，就会让父母很伤心。

家庭是一个小社会，社会是一个大家庭。在孔子的理想中，父母慈爱，子女孝顺，一个个家庭温暖和谐，整个社会也就充满了爱！

感悟经典

色难其实是心难，只有发自内心的敬重与关怀，才是孔子提倡的孝道。孝不是形式，更不是虚伪的言行，必须以爱为基础，是父母子女间情感的自然流露。

当今，"孝"应该作为一项重要的学习内容，让孩子从小开始进行学习。很多父母无私地爱孩子，却没教会孩子如何爱别人，其中包括爱父母。在婴幼儿阶段，父母与孩子的感情是相互的，孩子天生依恋父母，但由于一些父母一味地宠爱孩子，慢慢地变成父母单方面的付出，孩子单方面的接受了，孩子慢慢地也就不会爱了。这种问题在独生子女的教育中尤其突出。如果一个人在家里连父母都不会爱了，走入社会，也就更不会关爱他人了。

所以，我们每个人都应该好好想想，如何学会爱，学会尊重他人、敬爱长辈。让我们从尊敬父母、关爱家人开始，完成爱的教育。

延伸阅读

曾子受杖

曾晳、曾参父子都是孔子的学生。曾晳脾气暴躁，而曾参则以孝敬父母著称。《孔子家语》记载有一段"曾子受杖"的故事：

一天，曾参与父亲一同在瓜地里劳作，曾参稍不留神，斩断了瓜苗。曾晳见孩子做事不谨慎，拿起大杖就向曾参打去。

曾参见父亲生气，心里很惭愧，也不逃避，就跪在地上任由父亲杖罚，直到晕倒在地……

曾子受杖

待曾参慢慢苏醒过来，立刻就想到了父亲。为让父亲安心，他爬起来整理好衣冠，恭恭敬敬地给父亲行礼："父亲大人，孩儿犯了大错，劳父亲费了很大的力气来教育我，您的身体没有什么不舒服的地方吧？"

曾参回家后，还拿出琴大声弹唱，希望歌声能让父亲更加确认自己的身体无恙，可以安心！

孔子闻知此事后，非常不高兴，对弟子说："曾参来了，不要让他进来。"

曾参知道后，内心很是惶恐，老师如此生气，一定是自己有做得不好的地方，可仔细检点反省，却又不认为自己有什么过错。于是，他就请了其他同学去向老师请教。

孔夫子便对众弟子说："你们难道没有听说过吗？从前，舜的父亲是一个瞽瞍（gǔsǒu，亦作瞽叟，指算命的盲人），舜侍奉父亲非常尽心，非常孝顺。据说有一次当父亲要杀他的时候，却没有能找到他。如果是小棍棒，能承受的就等着受罚；但如果是大棍棒，就应该先避开。这样，不仅避免了犯下为父不慈的罪过，保全了父亲的名声，同时也尽了自己孝子的本分。而现如今，曾参这样侍奉父亲，既不知爱惜自己的身体，又陷父亲于不义，哪有比这更不孝的呢？"

众弟子听了老师的话，恍然大悟！

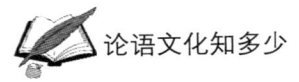

05　温故而知新，可以为师矣

子曰："温故①而知新②，可以为师矣。"

——《论语·为政》

注释小译

①温故：温，温习、复习的意思。故，旧的。
②知新：有新的收获。

孔子的意思是说，温习已经学过的内容，有新的收获，这样，就可以做老师了。

白话解读

学习，需要不断地温习旧知识，并不断地有新的发现、新的收获，即有所创新。的确，学习是一个不断发现、不断发展、不断创新的过程。

孔子这句话，强调了一种学习方法——温故，即温习旧知识。从心理学研究来看，遗忘是很正常的，学习过的知识需要多次重复记忆，才能记住而不遗忘。根据当代对学习过程的研究，知识进入人脑后必须有一个被学习主体主动消化的过程，知识才能真正被吸收。在这一过程中，一是原有的知识体系很重要，新的知识要被学习主体原有的知识体系吸收，进入原有的知识体系，这一知识才真正内化为自己的；二是学习主体的实践经验很重要，新的知识被原有的经验印证，这一知识就会很快成为真正被掌握的知识，而这些过程也需要不断地反复。所以，会学习的人一定会温故，而温故绝不是简单机械地重复。

孔子的这句话，突出了学习过程中"知新"的重要性。温故而能知新，才是一种真正意义上的学习。我们的知识如一棵大树不断生长而枝繁叶茂，新的枝丫一定是从老树干上生长出来的。学习如此，创新也是如此！在对某一知识不断温习、不断运用的过程中，我们不断地加深对它的认知、理解，再加上自己原有的知识和经验，或许我们就有新的发现！温故而能知新，必须具备两个方面的要求：一是对所学知识透彻深入的理解，二是学习主体主动积极的思考。而知新，不再是单纯地学习，而是已经进入创新的阶段，在这一阶段会发现新的联系、开拓新的领域、长出新的枝丫和结出新的果实了。

"温故而知新，可以为师矣"，也意味着有了温故而知新的能力，就能站上更高的平台，启发和引领其他学习者了。的确，好的老师从来都不是只会就知识而简单地传递知识，一定是有自己独到的见解，并将它一同分享出来，引领着其他人不断探索下去。或许，孔子只是以"可以为师矣"，肯定这种求学之路、创新之路。

感悟经典

学习知识，最重要的有两点：第一，要真正理解知识并能融会贯通；第二，要能将书本上的知识灵活运用起来。这两点是温故而能知新的前提条件。我们在生活中若能将已有的知识经验在不断运用的过程中有新的发现，就能举一反三，应对新的问题。

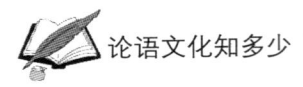

如朱熹在《四书章句集注》中所言"言学能时习旧闻,而每有新得,则所学在我,而其应不穷,故可以为人师"。

孔子的"温故而知新"具有方法论的意义,统摄了孔子对待整个传统、对待一切知识形态的态度。孔子自己也是这么做的,他深入研究古代典籍,并身体力行,一言一行努力实践,在此基础上删《诗》《书》、订《礼》《乐》、修《春秋》,在继承传统文化的基础上开创儒家学说。这是孔子的一故一新。今天,孔子的学说对我们而言也是故,如何创新,则是我们今天面临的课题。

延伸阅读

小孔丘读书的故事

孔子之所以能够被中国人尊为"大成至圣""万世师表",被联合国教科文组织评为"世界十大文化名人",是和他小时候的刻苦勤奋分不开的,正所谓"天才来自勤奋"。

据说,孔子的母亲在他刚三岁时,就开始教他读书识字了。到了四岁,他就已经会念百余字了。

有一天,他的母亲说:"昨天我教你的字会背了吗?"

孔丘说:"都记住了。"

母亲说:"那好,明天一早我考考你。"

孔丘是和哥哥在一起睡觉的。这天晚上,他钻入被窝后对哥哥说:"哥哥,母亲教给你的字都记住了吗?"

哥哥道:"都记住了,你呢?"

孔丘说:"我已经背了很多遍,都记住了,可我还是没有把握,明天一早母亲要考我,若有不会的,母亲一定非常伤心难过。不行,我一定要起来温习一下,再多练几遍。"

哥哥被他这种刻苦学习、孝顺之心所感动,心疼地说:"天气凉了,别起来练了,就在我的肚子上写吧。我能觉出对错,也好对你写的字做个检查!"

于是,小孔丘就在哥哥的肚子上写了起来。每写一字,就念出声来。可这声音越来越轻,慢慢地小孔丘便睡着了。哥哥听着弟弟那均匀的呼吸,望着他甜中带笑的睡容,既心疼又爱怜。

第二天一早,在母亲考查时,他一遍通过。母亲惊喜道:"这孩子真神了,前天教了他那么多字,只过了一天,就如此滚瓜烂熟,将来准能干大事啊!"

孔丘望着母亲欣喜的面容,高兴地笑了!

只有站在旁边的哥哥知道在弟弟熟练记忆的背后,更多的则是弟弟那锲而不舍的精神和刻苦勤奋的汗水。

母教孔丘

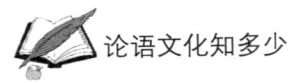
论语文化知多少

06　君子周而不比，小人比而不周

子曰："君子周而不比①，小人②比而不周。"

——《论语·为政》

注释小译

①周而不比：周、比，朱熹注："周，普遍也。比，偏党也。皆与人亲厚之意，但周公而比私耳。"周，因大家共同认同的道义而团结在一起；比，因私自的利害关系而勾结在一起。
②小人：指道德、品行、学识低下的人。

孔子认为，君子以公正之心团结他人，而不相互勾结；没有操守的人只会因利害关系勾结在一起，结党营私。

白话解读

《论语》中多处将君子与小人进行对比。君子是孔子的理想人格，君子内心有仁爱，讲道义，其行为举止有原则、有底线，讲规矩。他们聪明睿智，有胆有识，维护人间的公平正义，故能团结大多数人。而"小人"与君子相反，这个"小"，小在心胸和见识，他们只看到自己的利益，目光短浅，局限于狭小的自我天地，言行上很难顾及他人的利益和感受。儒家的教育就是要培养君子，让人脱离小人，成长为君子。这个过程也是人类发展的必然过程，人类从蒙昧中走出来，不断开启智慧与情感，不断超越自我、开阔心胸、增长见识，成长为一个更具社会责任感的人。

这里是从与人相处的角度将君子与小人进行比较。君子能做到"周"，即顾及普遍，照顾到大家，这与他内心的公正与无私密切相关。往往受教育的程度越高、道德程度越高、眼光与心胸越宽广，自我的东西就越少，他在考虑问题解决问题的时候也就更能照顾到更多人的利益，所以也更能团结大多数人。事实上，无论在什么时代，在什么地方，总有些人能顾全大局、秉持公正，不会因私利而斤斤计较、钩心斗角，能考虑到大家的利益，以同一态度和原则对待和团结他人。当然，每个时代、每个单位，都会有不讲道义、没有原则的人，他们只会从自我的角度看待问题，关心的只是自己的利益，为了一己私利而选择和少数利益相关者勾结在一起。这种自私自利的人，为了实现自己利益的最大化，必然会伤害其他人的利益，进而影响到和其他人的关系，其结果也必然是"比而不周"。

我们每个人都希望自己成为君子。然而要成为君子，要做到"周而不比"，就必须要有一定的道德修养和较高的思想境界，不为利诱，从而获得更高精神层面的价值认同。

感悟经典

人的道德修养不是一句空话，在孔子看来，它具体体现在我们现实生活的方方面面、点点滴滴之中。思想境界不同，对人对事的态度就会不同，进而决定你与大家相处的结果就不同。如果有一颗公正仁爱之心，人际关系自然会好，所以我们一定要重视自我修养，不断提高自己的道德思想境界，和谐愉快地与他人

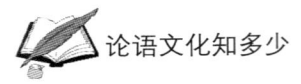

相处!

孔子在两千多年前并不是板着面孔空洞地谈理论,他说的"周而不比""比而不周"生动又言简意赅地告诉我们应该如何处理人际关系。愿意成为君子的人,就要努力去做到一个字——"周",即在任何时候,对待任何事情,都应多考虑大家的共同利益,多为他人考虑。

延伸阅读

成语故事:奉公守法

成语出处:《史记·廉颇蔺相如列传》

赵奢,战国时期赵国的著名将领,足智多谋,英勇善战,立下显赫的功勋,是当时东方六国的八大名将之一。其实,赵奢原来只是一个收取田税的普通官吏,他忠心事主,秉公办事,一视同仁。

有一次,他到赵惠文王的弟弟——平原君赵胜家去收税,赵胜的管家蛮横不讲理,不肯缴纳田税。赵奢根据当时的法律,严肃地处理了这件事,杀了赵胜手下九个参与闹事的人。赵胜知道后,大发脾气,扬言要杀赵奢。赵奢不但没有躲避,反而找到赵胜,对他说:"以君之贵,奉公守法则上下平,上下平则国强,国强则赵固,而君为贵戚,岂轻于天下邪?"意思就是说:您贵为赵国王族公子,却放纵管家违反法律。如果大家都不遵守法律,国家必然衰弱。国家一旦衰弱,其他国家就会来侵犯我们,甚至把我们灭掉。到那个时候,您还能保持现在这样的富贵吗?但是,凭着你的尊贵地位,奉行公事,遵守法律,全国上下就太平;全国上下太平,国家就强大;国家强大,赵国就稳固。您作为赵国重臣贵戚,怎么能被天下人轻视呢?

奉公守法

赵胜是个明理之人，也知道赵奢有才干，不仅没有怪罪，还在赵惠文王面前举荐赵奢。赵惠文王于是任命赵奢为统管全国赋税的官吏。从此，赵国的赋税公平合理，百姓富足，国库充实。

后来，人们就用"奉公守法"这个成语，指某人严格地遵守国家的法律制度，做事非常规范。

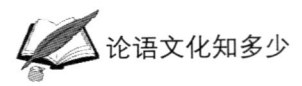
论语文化知多少

07 人而无信,不知其可也

子曰:"人而无信①,不知其可也。大车无輗②,小车无軏③,其何以行之哉?"

——《论语·为政》

注释小译

①信:诚信,儒家五常之一。
②輗(音 ní):连接牛车的辕端与横木的关键,使之灵活运转。
③軏(音 yuè):连接马车的辕端与横木的关键,没有它,车子就无法套住牲口。

孔子说:"一个人连信用都没有了,那还有什么可取之处呢!就像牛车没有輗,马车没有軏,如何能够运行呢?"

白话解读

信,是儒家重要的伦理准则之一,是一个人立身处世的基础,所以孔子多次强调信的重要性。在以后的儒家思想中,信被列为仁、义、礼、智、信"五常"之一。在这里孔子以輗、軏打比方来说明信的重要作用。輗和軏都是古代连接车子辕端与横木的关键,缺了它们,车子就无法运行。人与人之间缺了"信",就像车子缺了它们,连接人与人之间的纽带就断了,因此人与人之间也就无法正常交往了。

人言为信,信就是要"一诺千金",信是维系人与人之间关系的基本准则,只有对他人诚信,才能建立自己的信誉,获得他人的信任,进而彼此产生信赖的关系。人一旦失信,必然会伤及他人、危及社会。生活中,无论是亲情、友情、爱情都是以诚信为基础,在彼此信任的基础上感情才会越来越深;如果一方不诚信,有欺瞒哄骗等行为,必然导致彼此的猜忌、不满,激化彼此的矛盾,时间一长,必然导致关系的破裂。

诚信也是一个企业赖以生存的基本条件。改革开放之初,很多企业为争取眼前利益的最大化,弄虚作假、不讲诚信,其结果是丢失了人们对它的信任,生意无法维持,以至于最终被淘汰。经过几十年的发展,人们终于认识到诚信对企业生存发展的重要性,进而努力建立和维护企业的信誉。

国家依然如此。《左传·僖公二十五年》中说:"信,国之宝也。"《论语·颜渊》记载了孔子与学生子贡的一次对话,子贡问为政最重要的是什么,孔子回答要有三个基本要素:足食,足兵,民信之矣。子贡追问,如果不得已必须去掉一个呢?孔子回答:"去兵。"子贡继续追问,还必须去掉一个呢?孔子回答:"去食。"可见,在孔子看来,获得老百姓的信任比强大的军队和维持人们基本生活的粮食还要重要!孔子最后说:"自古皆有死,民无信不立。"弹尽粮绝不可怕,可怕的是一个社会人心涣散,人民对国家对政府没有信任、没有信心!

与某些大国动辄撕毁协议、出尔反尔不同,中国历来以诚信立国。习近平总书记在第八轮中美战略与经济对话和第七轮中美人文交流高层磋商联合开幕式上的讲话中强调:"要增强两国互信。中国人历来讲究'信',2000多年前,孔子就说:'人而无

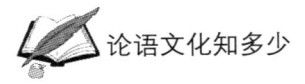

信，不知其可也。'信任是人与人关系的基础、国与国交往的前提。"习近平总书记的讲话，表明了我国将继承和发扬中华民族讲信修睦的传统，进一步彰显了大国的坦诚与友善，也必将获得更多国家的信赖与支持。

感悟经典

信的含义有两个方面：一是对人讲信用，二是要获得别人的信任。讲信用，就不能轻易许诺、承诺，一旦话说出口，我们就必须记住，哪怕时间再长也不能忘，再难也要做到。信任很不容易获得却很容易失去，想想我们信任的人，他们是怎样获得我们的信任的？如果他们有一次言而无信的行为，我们还会真正信任他们吗？

诚信是一个社会的润滑剂，是人们愉快相处的基本条件。在中华文明的源头，我们的先辈就以极高的智慧认识到信的重要意义，因而我们的文化从一开始就讲求诚信，把信誉看得很重。几千年来，我们一直以诚信友善立足社会、立足世界。诚信已经成为我们文化的基本特征，我们必须继承和发扬这一优良传统。

延伸阅读

诚信好学的宋濂

宋濂，字景濂，号潜溪，明初著名政治家、文学家、思想家，与高启、刘基并称为"明初诗文三大家"。

少年时代的宋濂特别喜欢读书，但家里很穷，也没钱买书，只好向人家借，每次借书，他都讲好期限，按时归还，从不违约，所以人们都乐意把书借给他。

有一次，他借到一本书，爱不释手，便决定把它抄下来。可是还书的期限快到了，他只好连夜抄书。隆冬季节，滴水成冰，他母亲心痛地说："孩子，都半夜了，天亮了再抄吧，人家又不是等着看这本书！"宋濂说："不管人家等不等这本书看，到期限就要还，要守信用！如果说话做事不讲信用，失信于人，怎么可能得到别人的尊重？"

又有一次，宋濂要去远方向一位有学问的长者请教，并约好了见面日期。谁知出发那天下起鹅毛大雪，当宋濂挑起行李准备上路时，母亲惊讶地说："这样的天气怎能出远门呢？再说，老师那里早已经大雪封山了。你这一件旧棉袄，也抵不住深山的严寒啊！"宋濂说："娘，如果不去就会误了拜师的日子，也就失约了。失约，就是对老师不尊重啊！风雪再大，我都得上路。"

当宋濂赶到老师家里时，老师感动地称赞他说："年轻人，守信好学，将来必有大出息！"

后来，诚信求学的宋濂终于成为一代大学者。

宋濂拜师

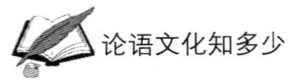
论语文化知多少

08　君子爱财，取之有道

子曰："富与贵，是人之所欲①也，不以其道得之，不处②也。贫与贱，是人之所恶，不以其道得之，不去。君子去仁，恶乎③成名？君子无终食④之间违仁，造次⑤必于是，颠沛必于是。"

——《论语·里仁》

注释小译

①所欲：想要得到的东西。
②处：本是停留的意思。这里有安心享受、留恋的意思。
③恶乎：哪里、怎样的意思。恶，通假字，同"乌"。
④终食：一顿饭的时间。
⑤造次：匆忙、仓促。

孔子的意思是说，富裕和显贵，是人人都想得到的，如果不是用正当的方法得到的，也不会去享受它；贫穷和低贱，是人人都讨厌的，如果不能用正当的方法摆脱掉，也就安心接受它。君子如果没有了仁德，还叫什么君子呢？真正的君子是不会有违仁德的，即使是在仓促窘困间和颠沛流离时都能坚守仁德。

白话解读

"人之所欲""人之所恶",孔子首先肯定了人的天性,人人都希望能够经过自己的努力获得更好的生活和更高的社会地位。不同的时代,不同的人,但共同的都是在为更加美好的生活而奋斗。从某种意义上看,人的欲望是人们不断努力去拼搏的动力。然而,这种欲望往往也是许多罪恶的根源。历朝历代都有一些人为了富贵名利,不择手段、丧尽天良,极大地损害了其他人的利益。到今天,这一问题依然存在,成为人与人之间、国与国之间矛盾冲突的根源。

孔子看得很清楚,如果每个人都为一己之利,不能超越这种狭隘的自我,那么社会问题就会层出不穷,各种矛盾也会越来越多,其结果是每个人都不能幸福地生活,人类社会也会不得安宁。孔子提出解决这一问题的办法:每个社会成员,能够通过学习,从狭隘蒙昧的小人成长为君子,有更开阔的眼界和心胸,有超越自身利益的追求,能关照到更多人的利益。因而对于富贵,只能通过正当的途径去争取,维护社会的公平、公正比个人的私欲更重要!君子,就是有这样更高追求的人。人从动物界脱颖而出,而为人,而为君子,而为圣人,一步一步走向更高的境界。

从孔子的话中也看得出来,孔子并不反对对富与贵的追求,不同的是君子的追求"以其道得之"。道,正道,即正当的方法。在孔子看来,君子从来不是无能无为之辈,君子总是经过自己的努力,用正当的方法建功立业,实现自身价值,堂堂正正居于自己应有的地位。因此,我们每个人都应该努力去拼搏、去奋斗,实现自己的人生价值。

但还有比实现个体人生价值更重要的事情,那就是坚守仁德!有的人为了蝇头微利而损人利己、不择手段;有的人把道义

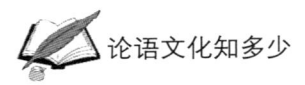

看得很重，可以为之放弃财富和名利。孔子认为，这就是考验和判断一个人是不是君子的主要依据。真正的君子是仁者，有原则，讲道德，守底线，不会为了名利而有损仁德。在孔子看来，仁德已经内化为君子内心的一部分，成为君子的基本素养，践行仁道已经不受任何时间、任何境况的影响了，无论是在突发的危急情况下，还是在自己人生的窘困状态中，君子都能坚守仁德。

感悟经典

孔子的这段话，体现了中国文化中做人的基本准则：君子有所为有所不为，不能因贪恋富贵名利而违背自己心中的道德规范和行为准则。

儒家屹立于文明的源头，在苦苦探寻之后，找到了人类前进的方向和路径，为在蒙昧混沌状态中苦苦探寻的人们指明了方向：人要成为君子，不仅是人类的出路，也是人类文明发展的必然结果。君子始终把自身的美好、人格的高尚和人间的道义看得比什么都重要！君子是高尚的人、纯粹的人和无愧于人的人。君子已成为我们民族文化的标志，感召着我们一代又一代人不断自我完善，走向更高境界。

延伸阅读

孟子辞禄万钟

前316年，燕王哙效仿远古圣王禅让之制，把王位让给其相子之，此举引起国内贵族的反对和齐国的干涉。齐大臣私下问孟子是否可以伐燕，孟子认为可以；但齐宣王派匡章伐燕，孟子却认为这是以暴伐暴。齐军攻下燕后，齐宣王想吞并燕国，征求孟子的意见,孟子认为要视燕国百姓而定。齐并燕后,面临着诸侯干涉的威胁,齐宣王又问计于孟子,孟子劝其撤兵,齐宣王拒不接受。齐宣王为了缓和矛盾,准备召见孟子。孟子称病不朝。齐宣王派人来问病,并派来了医生。孟子的堂弟孟仲子劝他去朝见齐宣王,孟子却躲到了大夫景丑家。

前312年,燕人叛齐,齐宣王吞并燕国的计划彻底告败,齐宣王也自觉"甚惭于孟子"。齐臣陈贾在孟子面前替齐宣王辩护,遭到了孟子的指责。后来,孟子要辞去卿位,离齐还乡。齐宣王挽留孟子,许以万钟的厚禄(钟,古量器名;万钟,指丰厚的俸禄),并打算在临淄城中给他一幢房舍。没有想到孟子却不接受,决意离齐。

想起初来齐国时齐宣王对自己的尊重,孟子心情非常复杂,据说他在齐边境住了三个晚上,希望齐宣王改变态度,亲自来边境挽留他。但齐宣王始终未来,他才在失望中离开了齐国!

孟子辞禄

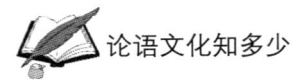
论语文化知多少

09　父母在，不远游，游必有方

子曰："父母在，不远游①，游必有方②。"

——《论语·里仁》

注释小译

①游：古时的"游"指游学、游宦。
②方：方向，指固定的处所。

孔子的意思是说，父母在世时，尽量不要去远方游历，如果要去，一定要告知父母明确的去处。

白话解读

孝，体现在生活的方方面面，比如父母健在的时候，尽量不去较远的地方游历，即便是必须去，也应该明确告知父母自己去的地方，一者不让父母担忧；二者即便有事，也可以随时互通消息，及时赶回。孔子并不反对外出游历，但认为子女要考虑周全，妥善安顿父母，不能在事业与亲情上顾此失彼。

"父母在，不远游"，这浓浓的人情味，何等温馨！夫妻之间，慢慢地陪你变老，是最浪漫的事情；做父母的最大的愿望也是陪着孩子长大。两千多年前，孔子就倡导做子女的要陪伴父母老去。孝心最好的表现是尽可能地留在父母身边，照顾父母，安慰父母，不让父母因子女远行而忧思成疾。

　　古人其实很重视"游"，古人的"游"，并非今天说的旅游，而多指游学、游宦。外出游学，"读万卷书，行万里路"，是我们自古以来增长见识、丰富人生经历的最好的途径。儒家思想积极入世，要有一番作为，必然要背井离乡，告别父母，去他乡成就一番事业。所以，很多时候，"远游"是不可避免的。这种情况就考验着子女如何取舍，如何两全。自古忠孝难两全，但孔子的观点是要尽可能"两全"！在不得不远游的时候，做子女的内心依然要以父母为重，要告知父母自己的去处，更要安顿好父母，使之有事方便联系，如有需要，能及时赶回。这种有安排、有牵挂的做法，即便是工作再忙，离得再远，依然能够照顾好父母。这想必就是孔子提倡的"游必有方"了。

　　有学者认为，"游必有方"的方，不一定是地方的方，也可理解为规矩、方式等。意思是远游要有正当的理由，有周全的安排。

　　父母在世，做子女的不要走得太远，也可以理解为不能与父母隔着深深的沟壑。有的年轻人动辄以"代沟"作为与父母对峙的借口，不沟通不妥协，为了自由独立将父母抛开。正确的做法是多听听父母的心声，去了解、理解他们的想法；也多谈谈自己的生活和想法，让父母了解自己的世界。这样即使走到天涯海角，也不算远游了。

感悟经典

　　随着我们慢慢长大，走向独立，总是把背影留给父母，去忙自己的学业和小家庭，听不惯父母的唠叨，听不进父母的劝告，也不愿与父母交心，总认为父母无法理解自己。这些其实才是真

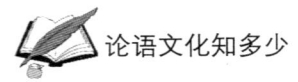

正地在远离父母。

孔子教我们如何爱父母。父母永远牵挂着我们,既然我们爱他们,就不能让他们担忧。我们要多与父母联系,告知自己的近况;多与父母谈心,告诉他们自己的想法,争取父母的理解。这样无论走多远,我们依然与父母亲密无间。真正的不远游,应该是带着父母在自己的人生旅途上同行。

延伸阅读

孟轲别母

孟子(名轲)的母亲仉(音 zhǎng)氏,战国时人,她与徐母(徐庶母)、岳母(岳飞母)并称中国历史上的"贤良三母"。

孟子早年丧父,全靠母亲含辛茹苦把他养大,这一点跟孔子的身世很相似。孔子也是幼年丧父,不过在育儿的艰难与用心方面,孔子的母亲却不及孟母出名。

孟子成年完全可以向孔子那样周游历国,有一番作为,但是家有寡母,不忍远游,悠忽三十年光阴过去了,孟母已经年逾古稀,而孟子也已近知天命之年,故整日长吁短叹!

孟母问明原因,对儿子说出了一段千古名言:"今子成人也,而我老矣!子行乎子义,吾行乎吾礼。"就是说:"你已经长大了,我也老了!你有你该去做的事,我也有我需要守的礼。"这一番话,不仅让我们感受到孟母内心的平静,而且也感到孟母的无私与伟大。孟母意在鼓励孟子远行,去追寻自己的事业和理想,不要有牵挂。很难想象这样一位历尽辛劳的单亲妈妈,在将儿子培养成才后,竟然会主动劝儿子离开身边,鼓励他去做想做的事。

第二篇 经典篇章

孟轲别母

孟子离开母亲后，先后游历了宋、齐、魏等国，学问思想大为增进。孟子55岁时做了齐国客卿，为报答母亲养育教诲之恩，回鲁国迎接母亲到齐国。孟子侍母至孝，晨昏问安、病侍汤药。次年母亲病死于齐国，他抚柩归乡，将母亲与父亲合葬于邹城。传说孟子不忍心母亲在黄泉路上孤独，特意请人按照自己的样子刻了一个雕像，与母亲一起合葬，可见母子深情。

辞官守孝三年之后，孟子再次周游列国，直到60岁左右回到邹国时，便不再出游。前289年冬至，孟子去世，享年84岁。

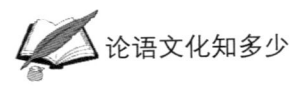
论语文化知多少

10 君子欲讷于言，而敏于行

子曰："君子欲①讷②于言，而敏于行。"

——《论语·里仁》

注释小译

①欲：希望的意思。
②讷：此处指迟钝的意思，与"敏"相对。

孔子的这句话，意思是说君子说话要谨慎，而行动要敏捷。

白话解读

《论语》中孔子对言语有多处论述，其观点十分明确：要"讷于言""慎于言"或者"无言"，反对巧言令色。孔子将"言"与"行"放在一起比较，明确提出在言语上要谨慎迟缓，在行动上要勤勉敏捷。

子贡有一次问老师，君子是什么样的人，孔子回答说，君子应该先做出来，再说也不迟。儒家要求守信，一旦说了，就要言出必行；如果说了又做不到，必将失信于人。还有一次，另一个叫司马牛的学生问孔子什么是"仁"，孔子说，"仁者，其言也讱"，讱，出言缓慢谨慎的意思，跟"讷"的意思相似。司马牛不能理解，孔子解释说，事做起来很难，说话哪能有那么轻松呢？在孔子看来，君子言与行相当，说到的要和做到的相等，那么做起事情困难，说起话来也就不会简单容易了。况且要言出必行，言行要高度统一，这也需要说话慢一点，谨慎一点。慢一点是指相对于行动，最好是先做后说；谨慎一点是有所保留，有疑惑的、没把握的都不能说，有把握的也要谨慎地说。

儒家的主张都需要在行动上表现出来，要在平时的具体生活中做到，可以这么理解：孔子更重视他的主张落实在人们具体生活中，而不是作为理论挂在口头上，所以主张重行动——敏于行。相对于"讷"的迟缓，"敏"强调的是行动的敏捷，要尽快行动起来；同时，"敏"还有聪明的意思，指做事考虑周全，效果好。儒家很重视做事的能力，君子从来不是满口理论的人，也不是只会高标道德的人；相反，孔子眼中的君子恰恰是行动力最强的人，最能把事情做好的人。

另外，儒家崇尚朴实、崇尚真诚真实，不喜欢花言巧语。内心有仁爱，也不必言语上特别表现出谦恭。内心的真实状态很重要，即便是待人，内心有对他人的尊重自然表现出来就好；如果没有，巧言令色反而显得不真实。真正高尚的、美好的，是不需要用言语表达出来的，就像大自然一样，沉默无言，而四时运行，万物生长！

语言是思想的载体，不同学派的不同观念也是通过语言表达出来的，而错误的言论则会造成人们思想上的混乱。可见，语言是一把双刃剑，我们在运用的时候需要格外小心。

感悟经典

说话很容易，张嘴就来；做事却很艰难，需要付出很多的时间和精力。话说得再多有时也无济于事，有意义的事情需要我们

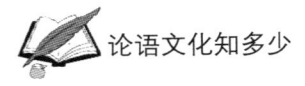
论语文化知多少

踏踏实实地去做。从这个意义上说,我们的确应该少说多干,认认真真把每件事情做好,这样才能取得成绩,对社会有所贡献。

言和行,是一个人很重要的两个方面,决定了别人对他的判断和评价。优秀的人是能把事情做到最好的人,也是大家都喜欢的人;人们最不喜欢言行不一、言过其实的人。所以我们要小心自己的言和行,时时提醒自己:话不可乱说。不确定的事情、不成熟的想法,不能轻易说出口;同时要重视自己做事的能力,在讷于言的时候,尽可能地敏于行。

延伸阅读

曹参喜用讷于文辞者

现实生活中,有一种人办事脚踏实地,行为端正,品德良好,但却因口才不好,往往被人忽视。

曹参(音 cān),字敬伯,今江苏沛县人,西汉开国功臣、名将,是继萧何之后的汉代第二位相国。曹参为人厚道,率真少言,少虚伪之心。

刘邦、萧何和曹参是同乡,早年萧曹的关系很好,亲如兄弟;但萧何成为汉朝的将相后,两人之间产生了矛盾,平时甚少来往。不过萧何并没有因此而排挤曹参,反而在临死前向汉惠帝推荐曹参接替自己为宰相。

汉朝的律令是汉高祖时令萧何主持制定的,曹参深知萧何所定律令已是非常严密细致,而且可执行性特别强,对恢复经济、稳定社会有非常重要的作用,不可以随意变更,所以在施政治国方面完全按照萧相制定政策办事。如有人前来讨论政治,曹参"辄饮以醇酒,间之,欲有所言,复饮之,醉而后去,终莫得开说……见人之有细过,专掩匿覆盖之,府中无事"。这就是汉朝历史上所谓的"萧规曹随"。

不过在用人方面，文献记载：曹参上任后，"择郡国吏木讷于文辞、重厚长者，即召除为丞相史；吏之言文刻深、欲务声名者，辄斥去之"。就是说，喜欢选用那些言语不多、性格稳重、按章办事，有长者风范的人担任丞相府官吏，对那些能言善辩之徒、舞文弄墨之辈加以排斥。

曹参任宰相虽然只有短短三年，但成效显著，国家安宁稳定，人民安居乐业。

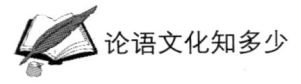

11 德不孤，必有邻

子曰："德不孤①，必有邻②。"

——《论语·里仁》

注释小译

①孤：孤立、孤单。
②邻：邻，邻居。有学者认为，邻在这里用作动词，与……亲近的意思。

孔子的意思是说，道德修养高的人，必然不会陷于孤立，总会有人亲近他、追随他。

白话解读

"德不孤，必有邻"，孔子这话说得多么慷慨激昂，显示出他一种坚定的道德自信！一个人只要有高尚的道德品质，必然会有人亲近他，向他学习，他必然也不会被孤立而显得孤单。我们在现实生活中可以看到，人们总是愿意同正直、善良的有德之人打交道，同他们越走越近；总是会自然而然地远离那些自私、狡诈的小人，不愿与他们交朋友。自古人心向善，即便是自私之人也未必愿意与他一样的人走到一起，只有有德之人才能得到其他人的信任，成为其他人真正的朋友。人同此心，心同此理，历来如此。

"德不孤"的德，有学者认为，并不一定是指有德之人，可以理解为道德本身。就是说，崇高的道德从来不会被人们抛弃，它总是人心所向，成为人们的追求和信仰。从这一理解来讲，孔子的话道出了人类社会的本质规律，具有一定的哲学高度。人类脱离动物界，成为万物之灵长，必然高于动物界，而"德"正是人与动物最本质的区别，人脱离"兽性"具有了"人性"，还必然超越人性，向往"神性"，即追求精神世界的完美。因而崇高的道德修养、纯净的精神世界，必将是人类永远的追求。

孔子这句话，激励人们努力提高自我修养。一个人要想在身边聚集一些真正的朋友，必须要有较高的道德修养。我们立足社会，无论是生活还是工作，总需要得到他人的支持。缺乏他人的支持，我们在生活中必然孤立无助，工作上肯定一事无成，所以，道德品质可以说才是人们立足社会的根本。企业也是如此，黑心企业虽然一时赚了大钱，但肯定无法长久；讲道德的人虽然会在恶劣的环境中吃亏，但总可以找到志同道合的朋友，从而获得精神上的安慰与支持。正如罗曼·罗兰在《贝多芬传》序言中写道："我把首席给予坚强与纯洁的贝多芬。他在痛苦中间即曾祝愿他的榜样能支持别的受难者，'但愿不幸的人，看到一个与他同样不幸的遭难者，不顾自然的阻碍，竭尽所能地成为一个不愧为人的人，而能借以自慰。'"高尚的人们，即便身处恶劣环境，但他们依然可以跨越时空，从千年之前、千里之外的同伴那里获得精神上的安慰。

2015年5月23日，在中日友好交流大会上，习近平总书记指出："邻居可以选择，邻国不能选择。'德不孤，必有邻。'只要中日两国人民真诚友好、以德为邻，就一定能实现世代友好。""德不孤，必有邻"，这本是孔子对个人立德的价值和作用的说

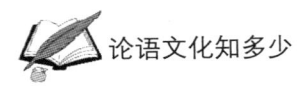

明，但习近平总书记将这一思想由个体立德扩展到国家关系上，提出"以德为邻"的周边外交新理念，赋予了这一古老格言新的寓意。中国也必将因这一新理念获得更多国家的支持，在世界上发挥更重要的作用。

中国，作为文明古国，在今天依然以其重信守诺的君子风范屹立于世界，以其自身的品格魅力感召和影响着其他国家。

感悟经典

当今，有些人只看重"利"，在社会上只求自身利益最大化，为了个人名利不择手段、损人利己，从而导致社会道德部分沦丧。年轻人初入社会，如果没有正确的价值观，不能自觉清醒地处理"利"与"德"的关系，很容易目光短浅，为眼前利益而损伤道德品质。

我们要坚信：无论对个人还是对社会，"德"是最重要的。早在中华文明的源头，孔子就以他的智慧和眼光，洞悉了人类社会的本质，从而指引人们朝着正确的方向行走。两千多年来，中国人重视道德品质修养，立德树人，一代代仁人志士坚守正道。今天，我们依然可以在圣哲光辉的指引下，择善而为、不断成长！

延伸阅读

成语故事：程门立雪

成语出处：《宋史·杨时传》

杨时，字中立，北宋学者。杨时在青少年时代，就非常用功，后中了进士，但却不愿意做官，继续四处访师求教，钻研学问。当时,程颢(音 hào)、程颐兄弟俩是全国有名的学问家。杨时先是拜程颢为老师,学到了不少知识。程颢逝世后,为了继续学习,他又拜程颐为老师。这个时候,杨时已经 40 岁了,但对老师还是那么谦虚、恭敬。

有一天,天空浓云密布,眼看一场大雪就要到来。午饭后,杨时为了找老师请教一个问题,约了同学游酢(音 zuò,游酢以文行知名,为"程门四先生"之一)一起去程颐家里。守门的说,程颐正在睡午觉,他们不愿打扰老师的午睡,便一声不响地立在门外等着。

天上飘起了鹅毛大雪,越下越大。他们站在门外,雪花在头上飘舞,寒气凛冽,冻得他们浑身发抖,他们仍旧站在门外等着。

过了好长时间,程颐醒过来,这才知道杨时和游酢在门外雪地里已经等了好久,便赶快叫他们进来。此时门外积雪,已有一尺(约等于 33.3 厘米)多深了。

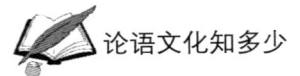 论语文化知多少

杨时这种尊敬老师的优良品德,一直受到人们的称赞。也正是由于他能够尊敬师长,虚心向老师求教,学业才进步很快,后来终于成为一位知名的学者。

12　无欲则刚

子曰："吾未见刚①者。"或对曰："申枨②。"子曰："枨也欲，焉得刚？"

——《论语·公冶长》

注释小译

①刚：坚强不屈，指不受外界影响，能坚持原则、坚守正义。

②申枨（音 chéng）：字周，孔子学生。

孔子说："我没有见过刚强的人。"有人回答说："申枨就是刚强的。"孔子说："申枨这个人欲望太多，怎么能刚强呢？"

白话解读

孔子的意思是，一个人如果不能克制自己的欲望，就会屈服于欲望而不能坚持应该坚持的原则和底线，就不能算真正的刚强。

林则徐有一幅著名的对联，叫"海纳百川，有容乃大；壁立千仞，无欲则刚"。前一句"有容乃大"，出自《尚书》，是说一个人要胸怀宽广，要有包容的性格，才能成就事业的壮大与辉

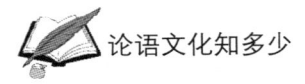

煌;后一句"无欲则刚"就出自《论语》本章,是说一个人必须要克制自己的各种欲望,才能真正刚强起来,不被打败。

人生而就有欲,欲就是欲念、欲望,每个人都有方方面面、大大小小的欲。人其实就一直是在欲望的驱使下努力去争取去奋斗的。从基本意义上看,有欲望是一件正常的、极好的事情。儒家思想是积极入世的,它提倡一个人不仅要不断地学习、成长,成为最好的自己;还要努力为他人、为社会做事。孔子这话并不是要求人要"无欲",而是说一个人既不能被欲望控制,也不能被欲望打倒,更不能因为满足自己的欲念而放弃自己坚定的信念,这样的人才称得上"刚"。

要做到"刚",信念必须十分坚定,必须具有很强的自我克制能力。信念就是相信、认定的某一目标,坚定信念,就是把这一目标看得特别重要,可以为它放弃很多,包括名利,甚至生命。许多共产党员被捕后宁死不屈,正是因为有这样坚定的信念。

自我克制能力十分重要。按照弗洛伊德的观点,人类的进步恰恰是对本能欲望的克制。人类从动物界而来,跟动物一样具有本能和欲望,而人之为人,就在于有更高的精神追求,并为之克制本能欲望。在现实生活中,一些人在利益面前经不住诱惑,最终放弃了自己最初的目标,成为欲望和本能的俘虏。

无欲则刚,这话警示我们:小心看管好自己的欲望,别让欲望毁了自己的人生。

感悟经典

人这一生最难战胜的就是自己!一个人的失败往往是败在自己的弱点上。要战胜自己,必须要有更高的精神追求、更高的道德修养和更坚强的意志。

两千多年前,孔子就看到了人性的弱点——私欲,也指出这一弱点可能导致的严重后果——难于刚强,因而告诫人们,别让私欲毁了自己,也别因私欲放弃自己一直努力追求的目标。只有当我们认识到私欲的危害,才会努力地去控制它;只有我们认识到还有很多比满足私欲更有意义的事,我们才能战胜它。

延伸阅读

海纳百川,无欲则刚

林则徐总督两广、查禁鸦片时期,曾在府衙写了一副对联:"海纳百川,有容乃大;壁立千仞,无欲则刚。"

上联谆谆告诫自己,要广泛听取各种不同意见,才能把事情办好,立于不败之地;下联砥砺自己,当官必须坚决杜绝私欲,才能像大山那样刚正不阿,挺立世间。联语形象生动,寓意深刻,林则徐一生践行个中精神,实在令人钦敬!

"海纳百川"源于《庄子》:"天下之水,莫大于海,万川归之。"后世相沿,"海纳百川"遂成为中华文化中的典型意象,以瀚海容纳百川的景象,指代广大涵容、广阔无碍的心胸。

"有容乃大"源于《尚书》,周成王告诫周公儿子(君陈)说:"有容,德乃大。"大意为:你如果心有涵容,方能养成大德。此后,历代学者、思想家都强调厚德与包容的重要性。

中华文化,自周代礼乐文明形成以来,便形成了厚德包容的文化精神。正如雄伟的万里长城所象征的,我们的民族不仅爱好和平,反对侵略;而且尚和合,求大同,具有无穷的凝聚力。外来的精神文化、物质文明本土化,也成了中华文化的重要元素。从中华民族的发展之路,到今日中国的幅员辽阔、民族团结和文化的多元开放,都彰显着自身包容厚德的文明底色。

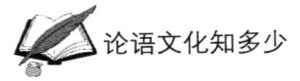论语文化知多少

虎门销烟

13　君子不念旧恶

子曰:"伯夷叔齐①不念旧恶②,怨是用③希④。"

——《论语·公冶长》

注释小译

①伯夷叔齐:伯夷、叔齐是殷商时期的诸侯孤竹君的两个儿子。相传其父遗命要立季子叔齐为继承人。孤竹君死后,叔齐让位给长子伯夷,伯夷不受,叔齐也不愿继位,两人先后都逃往周国。周武王伐纣,二人谏阻。武王灭商后,他们耻食周粟,采薇而食,饿死于陇西渭源县之首阳山。

②旧恶:以前的怨恨、仇恨。

③是用:是以,因此。

④希:同"稀",少。

孔子认为,伯夷、叔齐不在意过去的怨恨,所以怨恨因此就很少了。

白话解读

孔子认为,对于别人做过的对不起自己的事,不要放在心上,更不要去报复,可以像伯夷、叔齐那样,化解彼此的仇怨。

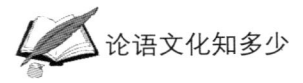

他们始终以善良的、合乎道义的态度待人处世,不陷入"以暴制暴""冤冤相报"的恶性循环之中,而是以宽广的胸怀包容他人。

如何才能做到不念旧恶呢?如果一个人只在意个人得失,在意与他人的是非恩怨,他就永远放不下。从伯夷、叔齐的行为中我们看到,只有超越了个人好恶,明白坚守正道更加重要,才会不计前嫌,正确对待当前面临的问题。孔子看重的正是这样一种待人处世应有的正确态度。伯夷和叔齐并没有因为不喜欢商纣,就赞同武王伐纣,在他们看来:"父死不葬,爰及干戈,可谓孝乎?以臣弑君,可谓仁乎?"(《史记·伯夷列传》)武王的行为不孝不仁,所以阻拦。这之前伯夷推辞不做国君,是因为孝,父亲想传位给三儿子叔齐,他要顺从父亲的意愿;叔齐推辞不做国君,是因为如果他继承王位,就有违传统的"嫡长子继承"制,破坏了社会礼制。他们两位让国,原因各不相同,但共同点都是不在意自己个人的得失,而在乎应该坚守正确的法度规范。对待怨恨也是如此,在他们心中,有更高的道德标准要坚守,所以,个人的恩怨也不是那么要紧了,可以做到"不念旧恶"了。

教育的功能就是让人心胸豁达,能够放下仇怨。美国女作家内尔·诺丁斯在《幸福与教育》中提出,教育开阔了人们看待生活的视野,使受教育者不是从个人利益和快乐出发,也不是从生活的小处着眼,而是整体地看待生活。一个人的生活领域越宽广,他表现出的自我就越小;一个人所受的教育程度越高,他的生活空间就越广阔,他个人的喜恶在他生活中所占的比例就越小,他自然就更能宽待别人。张爱玲说"因为懂得,所以慈悲",就是这个道理。心胸开阔,就能替别人着想,能够体谅别人,哪怕对伤害过自己的人,也有仁爱之心,这样,就可以做到"不念旧恶"了。

感悟经典

不念旧恶，这需要极高的道德修养才能做到。千百年来，芸芸众生大多在是非恩怨中纠缠，个人的、家族的、民族之间的、国家之间的，彼此的仇恨越结越深，彼此的伤害也更加深重。我们应该牢记圣人的教诲，不断地提升自己的修养，争取少念旧恶、不念旧恶，人与人之间、国与国之间才会更加友善，世界才会更加和平。

"以德报德"容易做到，但对待伤害过自己的人呢？"以德报怨"是佛家的境界，一般常人做不到。人们很难"不念旧恶"，所以常会"以怨报怨"。孔子认为对待旧恶最正确的做法是"以直报怨"，就是不念旧恶又讲原则，以公平正直来回应怨恨，对待有负于你的人跟其他人没有不同，不因以前的是非恩怨影响你现在的价值判断。所以，正确的做法是"不念旧恶""以直报怨"，坚守世间的公平、正义。

延伸阅读

曹操不念旧恶用张绣

在汉末三国群雄纷争中，曹操之所以能够统一北方，不仅是因为政治上"挟天子以令诸侯"，也因为注重经济，实行屯田、奖励农耕，较好地解决了军粮问题，而且曹操"唯才是举""善用人才"。历史上曹操不念旧恶，重用张绣，传为佳话！

张绣，甘肃武威（今武威市）人，重义气，汉末群雄之一。建安二年（197年）的宛城（今河南省南阳市宛城区）之战，张绣取胜，曹操败逃，损失惨重。长子曹昂、侄子曹安民、大将典

韦等都被张绣所杀,就连曹操自己,也被张绣的士兵射伤了左臂,险些死在乱军之中。

宛城之战是曹张之间的一场恶战,虽未能改变北方之局势,但对于曹氏家族而言,影响却是极为深远,是曹操戎马生涯中少有的几次险境之一。张绣是曹操的死对头,曹操恨透了张绣,一直想寻找机会消灭张绣。

但是到了建安四年(199年)官渡之战前夕,张绣在当时袁强曹弱的情况下,听从谋士贾诩的意见,率众投降曹操。曹操表现出不计前嫌的王者气度,"执绣手,与欢宴"。

当时,曹操身边的文官武将多不理解,甚有进言道:"张绣与您有大仇,为什么不杀了他呢?"曹操却说:"张绣当初之所以能使我损子折将,是因为他有本事,是个人才。"曹操不仅既往不咎,未报私仇,还让自己的儿子曹均娶了张绣的女儿,与之结为儿女亲家,封张绣为扬武将军。

在汉末三国群雄之中，曹操遭人诟病最多，就其人品而言，更是众说纷纭。然而汉末三国时期，魏国比蜀吴更强大，这其中曹操当有许多过人之处，比如那不念旧恶的品格等！

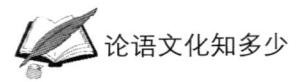
论语文化知多少

14 文质彬彬,然后君子

子曰:"质①胜文②则野③,文胜质则史④。文质彬彬⑤,然后君子。"

——《论语·雍也》

注释小译

①质:质地、内容。有学者认为指人先天的朴质。
②文:外表,形式。有学者认为指人后天的文化熏陶。
③野:朴素、朴质。朱熹认为,野,意思就是如野人。
④史:浮而不实。朱熹认为,史,指记书的史官,形容太书生气。
⑤文质彬彬:形式和内容配合得很好,形容举止文雅,态度温和,从容不迫。

孔子说,一个人如果朴实多于文采,就未免粗野;而文采多于朴实,又有些华而不实。文采和朴实配合适当,这才是君子。

白话解读

质,是朴素的本质,是人先天就有的特质;文,则是后天教育中获得的人文文化。一个人如果与动物一样缺少后天修养,就很难脱离野蛮状态；如果离开了人的本质特性谈修养，也陷入虚伪。做人，既要保持单纯质朴的本性，又要接受良好的教育，言谈举止有教养，这样的人内在品质和外在气质都很好，就是那种举止文雅、从容自信，很有风度的翩翩君子了。孔子强调，在人的成长过程中，人的内在本质的东西和后天学习得来的东西都很重要，不能缺少任何一方。同时，这两方面搭配要和谐自然，才能表现出一种"文质彬彬"的气质风度。"质"，可以理解为自然本性，如人的七情六欲；"文"，为人文，指人后天的教化，像爱心培养和礼仪教养，两者很好地融合，让人的言行举止既文雅又真实。

也有人认为，孔子称赞的文质彬彬，是要求内在本质与外在表现形式的和谐统一、相得益彰。以"礼"为例，一个孩子向长辈行礼，内心一定要有对长辈由衷的尊敬与爱戴，表现为认真、恭敬地行礼的动作，这样便是文质彬彬的状态。一种情况是未受教育的孩子处于未开化的状态，内心也有对长辈满满的敬爱，但不善于表达，言行上没有相应的动作仪式，这份敬爱就不能很好地表现出来；另一种情况是那孩子内心对长辈并无由衷的尊敬与爱意，但受礼仪教化，只是不带感情的行礼，将整个动作机械地完成，这就显得虚伪、空洞。所以，理想的状态应该是内外的和谐统一。

儒家学说强调从内心向外发展的理论，非常重视内心的修炼，认为只有内心真正养成，并与外在表现高度吻合，一个人才是健康快乐的。

"质胜文则野"，即完全顺着人的本性发展，就会落后、粗鲁和野蛮；"文胜质则史"，即过分雕饰和讲究文采就会掩盖人的本质。一个人只有两个方面均衡发展，才能称为君子。

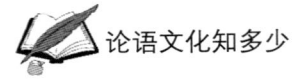
论语文化知多少

感悟经典 >>

君子没有天生的,都是后天培养出来的。在人的培养过程中,后天的人文教化十分重要。

整个社会都应重视对下一代人的人文教化。家庭里,父母往往以孩子为中心,在关爱与付出中忽略了对孩子进行人文熏陶,比如品德、责任和操守等方面的要求。学校教育在过去的几十年里,主要以知识传授为主。而社会上充斥着各种混乱的信息,对孩子的影响往往是负面的多。当今人文教化依然任重而道远。

君子是最优秀的人。一个社会君子越多,文明程度就越高,社会成员的幸福指数也越高。每个学生都应该以君子作为人格理想,在优秀传统文化的熏陶下不断地提升自己,最终成为一个文质彬彬的君子。

延伸阅读 >>

金玉其外,败絮其中

刘基,字伯温,是明朝的开国功臣。明王朝建立后,他被任命为御史中丞。刘基曾写过一篇寓言叫作《卖柑者言》,讽刺社会上那些虚有其华美外表,实质却一团糟的人。故事是这样的:

夏日的一天,刘基在杭州城里漫步,见一小贩卖柑。小贩很会贮藏柑子,柑子经历一年也不腐烂。小贩拿出它来,依然光泽鲜亮,黄金似的颜色,放到市场上,人们争相购买。刘基买了一个,剖开发现柑子的里面已经干枯如破棉絮一样,就问小贩:"你出售给别人的柑子,是准备用它供奉神灵、招待宾客呢?还是要夸耀它的外表来迷惑傻瓜和盲人呢?此种欺骗行为实在太过分了!"

刘基买柑

小贩人笑着说："我卖柑多年，靠它养活自己。我卖别人买，还没听见有说什么的，为何唯独不能满足您呢？世间的欺骗行为难道就我一个吗？当今那些佩带兵符、坐虎皮席子的人，威风凛凛的样子，好像是保卫国家的人才，但他们真的能够通晓孙（武）吴（起）谋略吗？那些戴着官帽，拖着长长带子的人，神气活现的样子，好像是朝廷的重臣，他们又真的能够建立伊（尹）皋（陶）功业吗？（伊尹，辅助商汤灭夏，商初名相、著名政治家；皋陶，舜之大臣，掌刑狱之事。后常并称，喻指良相贤臣）……看看那些高坐厅堂，骑着高头大马，沉醉香醇美酒和饱食鱼肉的人，哪一个不是巍峨高大、令人畏惧，哪一个不是威严显赫、可供人们效仿呢？可是无论到哪里，又何尝不是外表像金玉、内里像破絮呢？现在您对这些不去分析明辨，却来查究我的柑子！"

听了小贩的一席话，刘基哑口无言！

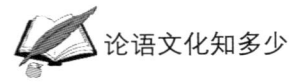
论语文化知多少

15 知之者不如好之者，
好之者不如乐之者

子曰："知之①者不如好②之者，好之者不如乐之者。"

——《论语·雍也》

注释小译 >>

①之：泛指学习的对象，例如技艺、文学、德行、礼仪等。
②好：喜欢。

孔子认为，学习某一知识，知道怎么学习的人，不如爱好学习的人；爱好学习的人，又不如以学习为乐趣的人。

白话解读 >>

做学问求真理，不应该是一件痛苦的事情，孔子告诉我们有三个境界可以去追求。最初开始接触任何知识学问的时候，不免会因其深奥难懂而感到沮丧、痛苦。很多人因此就放弃了，不想再费力气去学，连"知之"都未能做到，自然也就达不到"好之""乐之"的境界了。可是只要忍过这一关，继续钻研下去，弄懂了，就会有豁然开朗的喜悦，慢慢地就会更有兴趣了；到后来，就能感受到知识本身的奇妙，如参加竞技一般，能在学习中发现自己的价值，学习就变成一件快乐的事情了。所以，"知之""好之""乐之"应该是循序渐进的三个过程、三种境界。

遗憾是的是我们很多人都未能达到后面两个境界，很多学生都觉得学习是一件苦差事，这是很严重的问题！简单一点说，学生们该考虑：如何渡过难关，去寻找学习的乐趣，让学习成为一件快乐的事情。如何才能做到呢？第一需要的就是不怕困难的勇气。学习任何知识都必须迎难而上，一旦知难而退，就等于彻底放弃，后面的东西也学不好了；第二需要的就是持之以恒去钻研，不把问题弄懂绝不罢休，只有真正的"知之"了，才会有后面的"好之""乐之"。

兴趣是最好的老师。从学习的动力来看，的确是"知之"不如"好之"，"好之"不如"乐之"，"乐之"最能驱动一个人，让人废寝忘食地沉浸其中。所以，如何在学习中去感受快乐，是老师和学生都应该关心的首要问题。兴趣不是天生就有的，需要人们在不断努力的过程中去体会。孔子说"学而时习之，不亦说乎"，是教给我们一种在学习中感受快乐的方法——把学到的东西运用于生活中，这样看到学习效果，就能体会喜悦。学习本身很有难度，你通过努力做到了、弄懂了，自然很有成就感，也会很开心。学习知识本来就是一个求真的过程，任何知识，其本身就有无穷的奥秘，也就有无穷的趣味。从以上几个方面看，学习的确应该是一件快乐的事情。所以，只要肯下功夫，不怕困难，就一定能到达孔子说的"乐之"的境界！

感悟经典

苹果落地引发牛顿的好奇，使他不断地探究下去，他才有了后来的成就。很多科学研究都是在兴趣的一路引领进行下去才有所发现的。

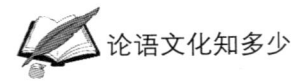

兴趣的培养显得尤为重要。世上绝大部分的人都只做到"知之"这一步，但一旦到达"乐之"的境界，做任何事情都能做到极致。兴趣培养其实是有办法的，因为人都有好奇心和好胜心。好奇心引领我们去探索，好胜心支撑我们经过艰难探索并回报我们快乐。我们要做的是静下心来全身心投入学习。无论学习什么知识，都要不怕困难，坚持学习、不断钻研，在不断探索、不断战胜困难的过程中去寻找、去体会快乐！

延伸阅读 >>

明熹宗不爱江山爱木活

明熹宗朱由校，年号天启，也称"天启帝"，是明朝第十五位皇帝，16岁即位，在位七年。

历代帝王不乏雄才大略之人，平庸之辈也比比皆是，但明熹宗朱由校独异于常人。虽然在治国理政方面乏善可陈，但他并不贪恋美色，也非暴君，独痴迷木匠活，匠作技艺出类拔萃，对木工的痴迷可谓废寝忘食，是中国历史上出名的"木匠皇帝"。

史书记载，熹宗"朝夕营造"，"每营造得意，即膳饮可忘，寒暑罔觉"。当时，外有边患侵扰，内有明末起义，内忧外患、国难当头。天启帝没有去"祖述尧舜，宪章文武"以图振兴，而是整日忙于制作木器、盖小宫殿，将国家大事抛于脑后。

朱由校自幼对木匠活就感兴趣，对刀、锯、斧、凿、油漆等十分着迷。而且这些木匠活，他都要亲自操作，对此乐此不疲。

天启帝的匠作水平已是极高，文献记载说"虽巧匠，不能过也"。据说，但凡经他看过的木器用具、亭台楼榭等，他都能自己做出来。他制造的漆器、木床、梳匣，均装饰五彩，精巧绝伦。尤以设计制作的五彩床最为叫绝！天启皇帝自己设计图样，亲自锯木钉板，耗时一年多，为当时的工匠所叹服。

再有就是，天启皇帝喜欢和一群木匠在一起，跟他们切磋技艺，并亲自动手刨削打磨。他的寝宫里堆满了各种木料，以及锛、凿、斧、锯、刨等各种木匠工具。他做起木工活来，夜以继日、废寝忘食，甚至把自己做的木材小玩具拿到市集上出售，市人都以重价购买。

木匠皇帝

朱由校在位之时，大明内忧外患，国力空虚，后金不断壮大，农民起义不断，魏忠贤更是乘机独揽大权，而这位皇帝此时却痴迷木工，真是难以理解！

论语文化知多少

16 举一反三

子曰:"不愤不启①,不悱不发②。举③一隅④,不以三隅反⑤,则不复⑥也。"

——《论语·述而》

注释小译

①不愤不启:愤,苦苦思索而不得;启,开导、启发。
②不悱不发:悱(音 fěi),想说又不知道怎么说;发,教导、启发。
③举:列举,解释的意思。
④隅(音 yú):角落,靠边的地方。
⑤反:类推求证的意思。
⑥复:重复教导。

孔子的意思是说,不到他苦苦思索而找不到答案的时候,不要去开导他;不到他想说又表达不出来的时候,不要去教导他,如果他不能举一反三,就不要再反复地给他举例了。

白话解读

孔子在这里阐发了一个重要的教育思想:启发式教学。启发是孔子引导开发弟子心智的方式。"不愤不启",启,开启、开发、启发。激发学生内在的求知欲,引导学生积极思考,让学生苦苦思索,达到"愤"的状态,即一种苦思未得,但内心具有很强的求知欲,到了一种非要弄懂不可的激愤状态,整个思维已经非常活跃,各种可能都已经想过。学生在这种状态中,整个思维被调动起来,注意力高度集中,这时再加以引导,其教学效果会非常好。"不悱不发","悱"的状态是一种答案似乎已经有了,但又说不出的状态,带有疑问和不解,不过又有一点自己的观点了。发,也有启发的意思,但不同于"启"的开启是指最初的引导。"发",是指在思维活动的后期,经过思索,接近结果了,所以有提示、推出答案的意思。在"悱"的这种状态下,再"发",其效果可想而知。总之,启发式教学,不能将知识灌输给学生,不能代替学生思考,必须在教育过程中充分重视学生的自主活动,给他们思考的时间,让他们独立思考问题。

如果学生不能举一反三,孔子说,那就不要反反复复地说教了。不能举一反三,说明该学生没有真正理解老师教授的内容。首先,举一反三首先强调的是要能够触类旁通,这一能力主要体现在思考能力上,由一方面可以推论得知更多方面,这得益于前面的苦苦思索;其次,举一反三也意味着经过自己思索得来的知识已经成为自己的了,也因此可以灵活运用了。

本章中孔子不但谈到学生该如何学,也提到老师该如何教,同时也讲到学习应该达到的效果。理想的教学就应该这样,老师循循善诱,学生勤于思考,能够学以致用。回顾和审视我们的现代教育,孔子的这种教学思想与教学方法,在今天依然具有很重要的指导意义。

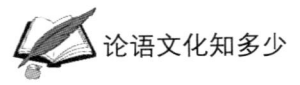
论语文化知多少

感悟经典

　　学习任何知识都必然经历两个重要过程：一是思维过程，也就是要认识理解所学的东西，弄清其原理和与其他事物之间的逻辑关系；二是操作过程，也就是将学来的东西运用于社会实践，即用于工作和生活中。

　　本章孔子强调的"愤""悱"，明确了思维活动应该达到的状态，那就是必须要苦苦思索，即便百思不得其解，也还得要继续反复思考才行！现在一些学生学习不好，就是思考的功夫下得不够。而在知识运用这一点也做得很不够，一些学生学习知识只停留在书本理论上。这两方面都没做好，自然难于学好知识。学生应该重视学习过程中的反思，坚持自主学习。

延伸阅读

成语故事：按图索骥

成语出处：《汉书》

　　骥（音 jì），就是好马的意思。东汉班固在《汉书》中记载了这一典故：

　　春秋时，秦国有个名叫孙阳的人，善于鉴别马的好坏，只要让他看一眼，便能分辨出马的优劣。因为传说伯乐是负责管理天上马匹的神，于是人们都把他称为"伯乐"。为了不让自己的一身绝学失传，他把自己多年积累的识马经验写成一本书，名为《相马经》，该书图文并茂地介绍了天下各类好马。

　　孙阳的儿子资质很差，却想继承父亲的事业。在熟读《相马经》后，他以为自己学到了相马本领，便拿着《相马经》去找千里马。《相马经》上说:"千里马的主要特征是:高脑门,大眼睛,蹄子像摞起来的酒曲块。"他按照这个特征找了很久,也没有什么收获。

有一天,他发现路边有一只蹦蹦跳跳的动物。他看了很久,觉得这个东西很像《相马经》中所说的千里马,于是费了九牛二虎之力,才把这个"千里马"捉住,并带回家。一进门,他便嚷着说:"我找到了一匹千里马,它的样子和《相马经》中说的差不多,就是个头小了点,蹄子差了些。"

按图索骥

孙阳一看儿子手里捉着的居然是一只癞蛤蟆,哭笑不得地对儿子说:"傻儿子,你拿的是一只癞蛤蟆,根本不是什么千里马啊!你这样按图索骥是不行的,要学相马的本领,就得多去看马、养马,深入地了解马才行啊!"儿子听了羞愧不已,从此便一头钻到马群中研究马去了。

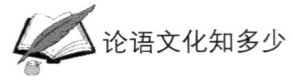
论语文化知多少

17 君子坦荡荡,小人长戚戚

子曰:"君子坦荡荡①,小人长②戚戚③。"

——《论语·述而》

注释小译

①坦荡荡:平坦宽广的样子。
②长:同"常"。
③戚戚:幽怨的样子。

在孔子看来,君子心胸宽广,坦然舒畅;小人则时常是一副忧愁的样子。

白话解读

人的外在气质风貌,是内在心理状态和修养的体现。孔子认为,君子和小人由于内在东西不一样,所以表现出来的精神风貌也完全不一样:君子内心坦荡无私,对他人充满爱心,不计较名利,能够包容他人,所以表现出舒畅愉快的样子;小人则心胸狭隘,斤斤计较,患得患失,所以时常一副忧心忡忡的样子。的确,我们外在的气质跟我们内在的思想情感、心胸见识密切相关。内心阳光,自然就活泼开朗;内心忧虑太多,自然就心事重重,开心不起来。所以,一个人的气质风度,是靠内心修炼得来,"腹有诗书气自华"说的就是这个道理。所以,要打理好自我形象,必须从内心修炼开始。

君子是快乐的。《论语》中多次提到孔子自在舒畅的平时生活。《论语·述而》中记载"子之燕居,申申如也,夭夭如也"《论语·泰伯》中记载"子温而厉,威而不猛,恭而安",可见孔子平时精神面貌极好,内心和悦;外表整洁清朗,温和而自在安详。

这样的坦然、温和和安详,源自君子内心的安定。一个人要完全做到内心安定是很困难的,因为我们面对的是一个复杂多变又无法掌控的世界,个人内心世界与外在世界的冲突无法避免,这也是小人长戚戚的原因。一个人的成长是双向的,一方面向内丰富完善内心世界,安顿心灵;另一方面向外建功立业,实现自身的价值。每一个生命个体都面临如何安顿心灵的问题,只有内心安定,才有平和的心态和健康快乐的生活。

那么如何才能安定内心呢?以孔子为代表的儒家君子给了我们深刻的启示:君子以追求道德仁义为己任,有自己坚定的信仰,不管外在世界如何变化,如何与自己的追求背道而驰,君子都可以不动摇不疑惑。因为信仰最能安定心灵,让内心没有纠结矛盾,也就没有烦恼和痛苦。

感悟经典

每个人生存在这个世界上,都会面临同样的问题:我们如何让自己的一生更加快乐、更有价值?孔子关于君子的论述给了我们明确的答案,那就是做君子!因为做君子既能有利于社会,又能成全自己幸福快乐的人生。

现代西方教育理念也认为,教育最大的作用就是让受教育者

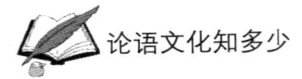

幸福快乐,这与孔子的思想隔着遥远的时空遥相呼应。早在两千多年前,孔子就在为人类寻找最好的生活方式,指明正确的人生道路——通过接受教育,成长为君子。以前我们总认为,做君子就是为他人牺牲自己、奉献自己。其实,君子具有最健全的人格,他在关怀他人、坚守正道和为国为民中,最终成全的是自己的幸福人生!《老子》中提到的,圣人"非以其无私邪?故能成其私",就是这个道理。

延伸阅读

曹操烧信

东汉建安五年(200年),曹操东征,与袁绍在官渡(今郑州中牟县东北)展开激战。当时两军实力相差悬殊,袁军数倍于曹军,曹操部将大多认为袁军不可战胜。但曹操最终以少胜多,大败袁军。袁绍弃军逃跑,其全部的辎重物资、图册兵藏被曹军缴获。

据《三国志》记载,在清点战利品时,曹操的一名心腹发现了许多书信。这名心腹拆开其中一封,看了之后便傻了眼,脸色大变。他把所有书信收齐封好,然后抱着信件去向曹操汇报:"主公,这些都是与袁绍来往的密函!"对此,浴血奋战的将军们十分气愤,纷纷要求惩治这些心存异志的叛逆之徒。

曹操在看过几封信后,却对心腹说:"你去把这些信都烧了吧!""烧掉?主公,您不该照着书信把这些叛徒全部抓起来吗?"心腹惊疑道。曹操摇摇头:"当初,袁绍兵力远胜于我,连我自己都觉得不能自保,更何况是他们。与袁绍勾结只是他们不得已的选择啊!"

第二篇 经典篇章

原来这些信件都是在许都的官员和曹操军中的部将写给袁绍的，其中不乏示好投诚之语。曹操命人当众把信件全部焚烧。那些私通袁绍的部将，原本惊慌不定，见曹操此举，惭愧不已，同时也愈加感激、忠实于曹操，原来心存观望的人也甘愿效忠曹操。

曹操趁势进击，冀州（今河北）各郡纷纷献城投降。曹操实力大为增强，为此后统一北方奠定了基础。

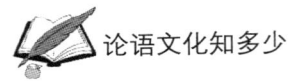 论语文化知多少

18　任重而道远

曾子曰:"士不可以不弘毅①,任重而道远。仁以为己任②,不亦重乎?死而后已③,不亦远乎?"

——《论语·泰伯》

注释小译

①弘毅:指胸怀宽广、意志坚强。弘,宽广;毅,坚决。
②仁以为己任:倒装句,即以仁为己任。
③死而后已:到死才停止。已,停止。

曾子说:"读书人必须心胸宽广、意志坚定,因为他们任重而道远。以推行仁道为自己的责任,这样的任务还不重吗?为了实现远大目标,奋斗终生,至死方休,这样的历程难道不远吗?"

白话解读

士人,古时候泛指读书人,即知识分子,是文化的继承者和传播者。曾子认为,士人就应当承担起历史赋予的使命,推行仁道,推动社会的进步。两千多年来,这种责任意识绵延不绝,代代传承,成为我们传统文化中最宝贵的精神动力。这种担当,这种责任意识,也是我们传统文化中最伟大的部分,它超越生命个

体，让我们的士人以天下为己任，为人间正道而奋斗！今天的学生，首先就应该继承这一传统，勇于担当，有肩负起民族振兴重任的意识和决心。

有了这样的意识和决心，就有了强大的精神动力，就能要求自己做到"弘毅"。弘，就是弘大，要胸襟大、气度大、眼界大，也就是不能够只顾自己，要想到更多的人、更远的事，要胸怀天下。毅，就是刚毅，有决心，能决断，能坚持，能够遇困难而百折不挠，遇问题有能力解决。"弘毅"简单两个字，既要求要有远大的胸襟，又要有持之以恒的毅力和决心，只有具有这样的品质，才担得起历史重任，并一直肩负下去，直至生命结束。

士人以推行仁道为己任，任重而道远。仁道是儒家思想的核心，孔子"仁"的思想从人内心的真诚善良出发，让人修身养性，做一个全面发展而健康的人——君子。君子具有仁爱之心，品德高尚；具有才学和智慧，能够应对和处理各种社会矛盾。这样的君子有强烈的责任感，他们以天下为己任，积极投身社会治理，爱民勤政，推行德政，最终实现天下太平的理想。孔子提倡的仁道，从个体到社会，涵盖人的自我发展、人际关系和社会治理的方方面面，无论是对个体生命还是社会发展，都是如此美好。虽然任重道远，却依然代代相传，成为我们民族奋斗的目标。在科技高速发展的今天，社会物质财富日渐丰富，但与孔子理想中的社会人际关系、整个社会的公平公正，以及整个社会的和谐还有距离。在今天，我们依然需要继续以推行仁道为己任，为我们的社会更加美好而努力奋斗！

士人也因以仁为己任、死而后已而成为中国社会一个特殊的阶层。历代总有那么多志士仁人，他们不为自己，不为名利，挑起国家社会的责任，成为民族的脊梁。文化的传承，最重要的就是这种精神的传承，我们青年一代理应继承这一传统。

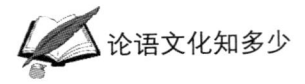
论语文化知多少

感悟经典 >>>

人要有担当，我们每个人都要承担起自己的责任！对年轻人而言，首先就要做到自己的事自己负责，不能一直依靠父母，18岁以后就要想着经济上独立；其次是建立小家庭了，就要承担起养家糊口和教育下一代的责任。这就是担当，就是对自己、对家庭的责任心。有了这样的担当，就不会意志消沉，就能克服困难，在事业上做出一番成就。

我们民族中最优秀的人，他们以天下为己任，牺牲自己的利益甚至生命，为国家为民族奋斗终生，死而后已。两千多年来，这种使命感、这种精神，成为我们民族的精神信仰；这样的胸怀、这样的气魄，在今天依然闪耀着人性理想的光辉，依然会感召我们民族中最优秀的人才，在这条路上继续走下去！

延伸阅读 >>>

陶侃搬砖

陶侃，字士行，鄱阳（今江西鄱阳）人，东晋时期的名将。陶侃出身贫寒，初任县吏，后历任荆江二州刺史、都督八州诸军事、大司马等。其曾孙为著名田园诗人陶渊明。

陶侃精勤于吏职，不喜饮酒、赌博，为人称道。他曾经作为联军主帅平定了苏峻之乱，为稳定东晋政权立下赫赫战功。陶侃也因功封了大官，过起了文官似的生活。日子一久，陶侃觉得自己不能这样养尊处优了，于是开始每天做两次自己设计的独特运动：早晨把一百块砖从屋内搬到院子里，晚上又把一百块砖搬回屋内。

陶侃搬砖

  陶侃这样持之以恒地每天搬砖的行为被邻居看在眼里。有人好奇地问他为何要这样搬砖，陶侃说："我刚刚在中原打完了仗，现在却过着安逸的生活。不这样做的话，以后再要打仗恐怕就很难胜任了。"

  别人看陶侃搬砖，以为他搬得很辛苦，但其实对他来说，搬砖是件很快乐的事情。因为他是自觉自愿的，而且了解搬砖对心性和身体的种种好处。如果你是受到处罚这样搬砖，完全是被动的，心情自然不同，也许会觉得苦不堪言。

  陶侃是一个武将，不愿闲暇太多，所以利用"搬砖"来填充空闲和锻炼体力、毅力，如果你也和陶侃做同样的事情，便会有同样的好处。

  很多人都把"辛苦"与"痛苦"混为一谈，但其实辛苦过后你看到的是快乐的成果，而且辛苦与快乐是成正比的。

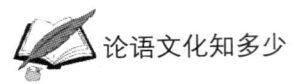
论语文化知多少

19　子在川上曰：逝者如斯夫！

"子在川①上曰：逝②者如斯③夫！不舍④昼夜。"
——《论语·子罕》

注释小译

①川：河流。
②逝：消逝，过去。
③斯：这，指河流。
④舍：停留，止息。

孔子站在河边上说，逝去的时光就像这河水啊，夜以继日没有停止。

白话解读

孔子这一叹，深远地影响着中国文化。千百年来，人们仿佛还能看见孔子站立河边，看见滔滔流水奔腾不息，而一声长叹："逝者如斯夫！不舍昼夜。"这句话中蕴含了多少思想情感啊！千百年来，人们都借此一叹表达各种复杂的内心状态。

最普遍的就是借此感叹时光易逝！时光如流水一般一去不复返，传统文学中就有了美人迟暮的伤感，有了如《红楼梦》中林妹妹般的多愁善感。人们明白时光如流水一般流逝而去，昼夜不停，青春一去不复回，所以传统文化中早就有了一分对时光的珍惜，如"一寸光阴一寸金""少壮不努力，老大徒伤悲"等，勉励我们一代又一代的人，珍惜时间，发奋努力！在这一看似消极悲伤的感叹里，饱含的其实是我们对生命的热爱。正因为明白时光易逝，所以更加珍惜每一寸光阴，故有人"秉烛夜游"，还有人"只恐夜深花睡去，故烧高烛照红妆"。

　　孔子两千多年前站立水边，到底想了些什么，恐怕也不只感慨时光易逝。据说，孔子临水必观。水在中国文化中意义深远，孔子说"智者乐水"，老子说"上善若水"，水的无言而滋养万物，水的柔弱而强健，水的甘居低处，都给我们很多启示。孔子站立河边，面对滔滔流水，想到的应该还有自然的规律、人与自然的关系、人类生命的意义这些困惑人类的终极问题。

　　南怀瑾先生认为，这句话很有哲学意味，孔子从水的不舍昼夜的滚滚流逝中，看到了自然的法则，也明白了人必须要顺应自然；同时也发现世界万物永远处于变化之中，人生如水流一般不断向前涌进，不断变化发展。《礼记·大学》里进一步阐述了这一思想，所以说"苟日新，日日新，又日新"（意思是：如果能够一天新，就应保持天天新，新了还要更新），人的思想、观念和学问每天都要有所不同、有所进步！这里面既有顺应自然的人生态度，又有不断发展、不断进取的意识。结合《论语》中其他内容，我们可以看到，正因为孔子道德境界的高深，明白大自然自有它的运行规律，个体生命在大自然中就必须顺应规律、效法自然。

感悟经典

　　儒道两家都认同"天人合一"的思想，其核心思想就是《道

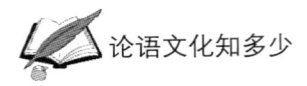
论语文化知多少

德经》上说的"人法地,地法天,天法道,道法自然",儒道两家都是从自然中体会人生,通过认识自然之道来认识人道。孔子就是从流水中认识到自然之大道,从而认识人道,启发人们效法自然、顺应自然。

时光易逝,人生短暂!流水与人生一样处于不停地变化过程中,我们留不住匆匆而去的岁月,能做的就是珍惜时间、把握现在,进而影响和改变未来。只有踏踏实实地做好当下的事情,才不算浪费时间。譬如做学生的,认真听好每堂课,长此以往,才能学有所成。凡事都是如此,只有把握好今天,自己的人生才能更有价值、更有意义。

人生如滔滔的流水,春去秋来,一路悲欢!从出生到老去,人的一生其实是一个不断变化、发展的过程。我们要在有限的光阴中不断成长,成就一个有意义的人生。

延伸阅读 >>

孔子为何会有"逝者如斯夫"的感慨?

前485年,晚年孔子与众弟子周游列国,来到流经曲阜的泗水河边,看着浩浩荡荡、汹涌向前的河水,孔子若有所思,发出"逝者如斯夫,不舍昼夜"的感慨,众弟子听罢也陷入沉思……

对《论语》里这句话的理解,历来仁者见仁、智者见智。

汉朝以来的儒学家大多认为孔子是看到水流后发出的时光易逝的叹惜。

而宋朝的理学家程颐却认为,这句话实际上是说,即使像圣人这样纯净的心灵,也好像水流这样,在生生不已地流动着。孔子所表达是"终日乾乾,与时偕行",意在告诫人们学识和德行的养成,如同水流一样,日夜省察,奔流不息!

　　分歧的关键是对"逝"字的解释。《说文》:"逝,往也。"而"往"有两种含义:一是既往,即消逝的;另一种则是前往,即前进。大概汉儒们只看到了时光的"既往"而无视了"前往"。

　　实际上,如果"逝"的主语是光阴的话,那么"逝"必须作"流逝"理解才行,但是汉代以前的"逝"字并无"流逝"之意,比如:《诗经》:"毋逝我梁。"《吕氏春秋》:"其真子恐其父之不能反也,遂逝迎之。"

　　这里的"逝"都应作"去、往"理解释义。句中"逝"的主语只能是"水",而"逝者"所指称的也正是"水"。至于"流逝"系"去,往"随着词义发展而来,解释成"流逝的光阴"显然不妥!

　　所以,"逝者如斯夫"句中的"逝"应是"誓"的通假字,"逝者"就是"誓者",就是决心行"圣人之道"的君子。从"闻其道"的源头开始,后浪推前浪,生生不息、前赴后继。

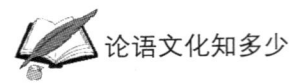
论语文化知多少

20 三军可夺帅也，匹夫不可夺志也

子曰："三军①可夺帅也，匹夫②不可夺志也。"

——《论语·子罕》

注释小译 >>

①三军：周代兵制，左军、中军、右军。
②匹夫：一个人，指老百姓。

孔子的意思是说，在战斗中，可以俘虏三军主帅，但是，一个人的志向却不可受他人逼迫而改变。

白话解读 >>

一个人可能是渺小的，微不足道的，但在孔子看来，一个人的志向却是神圣不可侵犯的，一个有坚定志向的人是不容侵犯的。一个人相比于三军显得十分弱小，强大的三军可以被打败，但一个立志的人却不能被打败！这句话说得很激昂，鼓舞了一代又一代的仁人志士，让他们不畏强权，坚持真理。

可见，立志对人而言是极其重要的。帅是三军的核心，古代作战，如果把对方的主帅抓住了，三军失去了领导人，整个军队就崩溃了；志对个人而言，其作用不亚于帅对于三军。中国传统文化很重视立志，而且要立大志。"燕雀安知鸿鹄之志"，志向的大小限制了一个人的格局，决定了一个人今后发展的空间，所以我们要立志，立大志。古代的教育跟我们今天的教育不同，特别是在儒家思想中，大的志向就不能只为了自己的发展，而要把自己的发展融入社会发展之中，既要为国为民，也要在推动社会进步中体现自己的价值。一个人志向的价值决定了这个人的价值。中国社会几千年奉行儒家思想，而儒家思想一开始就超越了个人小我，以天下为己任，将个体价值最大化。这种认知其实就是悟道，孔子在人类之初，就看到了人类个体发展的最高境界，所以儒家思想得以绵延不断，并将继续影响中国、影响世界。

匹夫不可夺志，一个人立定了志向，就有了气节、有了意志，就能毫不动摇地走下去。立志，是个体在充分认知后的一种自觉的选择，意味着有了明确的价值取向和精神寄托。人一旦立志，就有了强大的精神动力，清醒而理智地走下去，就能克服一路上的坎坷艰难，从而取得成功。回望几千年人类历史，有那么多人为国家、为民族而牺牲，留下了很多可歌可泣的故事。中国的士人阶层，他们中许许多多的人，读圣贤书，恪守儒家思想，无论是在和平年代还是历经战乱忧患，都能真正地发自内心地以国家利益、人民利益为重。他们不顾自己的安危，放弃自身的荣华富贵，坚持正义，坚守道德。他们是我们民族的脊梁和希望，如文天祥、苏轼等人都是名噪京师，功名利禄唾手可得，却要坚持原则，不惜得罪权贵，让自己的人生旅途艰难曲折。文天祥被俘后坚决不降，成为民族的楷模和标杆。可见，伟大的志向成就了伟大的人！

感悟经典

"三军可夺帅也，匹夫不可夺志也"，"匹夫"，指一个平常

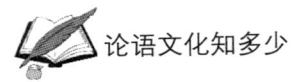

人,因有志而让人肃然起敬!他可以卑微、弱小,但他凛然不可侵犯,彰显了生命个体的人格尊严。一个有志、守志之人是一个顶天立地之人。

立志对每个人来说都很重要,"有志者事竟成",要想成功,首先要立志,然后要坚持不懈地付出努力。立志的意义不仅在于找到方向,而且在于激励自己不畏艰辛奔向目标。成功的道路是艰难的,如果没有坚定的志向,很难有坚持下去的支柱和动力,就难以走到胜利的终点。有志,人生才有主题,个体生命才有价值和意义。

延伸阅读

宁死不屈的方孝孺

方孝孺,明初浙江海宁人,字希直,以其通晓经史,文章盖世,为明朝一代名儒、文学家、思想家。

明建文帝即位后,方孝孺被委以翰林侍讲学士、"帝师"。因建文帝年轻之故,对孝孺百般信赖和倚重,国家大事,辄以咨之。建文帝害怕叔叔们王权过大,拥兵为患,有意削藩,但遭到以燕王朱棣为首的诸王反对。

朱棣在"靖难之役"攻下南京后,篡得大明皇位。迫令方孝孺为他起草即位诏书。方孝孺宁死不从,掷笔于地说:"死即死耳,诏书不草!"燕王大声说:"诏不草,灭汝九族!"方孝孺针锋相对地说:"莫说九族,十族何妨!"朱棣又劝说方孝孺"不要自找苦吃",方孝孺依然不屈服,还愤然提笔书写了四个大字"燕贼篡位"。

朱棣大怒,他命人拿刀来从方孝孺的嘴角直割到耳旁,随后投入监狱,并在午门(即紫禁城的正门)内凌迟处死。

明清两代处死大臣，一般都在刑部天牢、闹市行刑，或推出午门外斩首，在午门内杀人是没有先例的。可见朱棣对方孝孺怨恨之深。据说方孝孺在就义前，作绝命赋道：

"天降乱离兮，孰知其由；奸臣得计兮，谋国用犹；忠臣发愤兮，血泪交流；以此殉君兮，抑又何求？呜呼哀哉，庶不我尤！"

朱棣处死方孝孺后，仍不解心头之恨，下令灭他十族。方孝孺的九族加上他的朋友、门生也算作一族，共873人，全部被处死，行刑就达7日之久。

方孝孺宁死不屈的高尚情操受到了人们的尊敬。早在明代万历年间，就有人为他建祠、树亭。著名戏曲家汤显祖还为他立了墓碑。

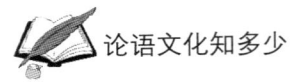论语文化知多少

21 岁寒，然后知松柏之后凋也

子曰："岁寒①，然后知松柏之后凋②也。"

——《论语·子罕》

注释小译

①岁寒：一年中天气最寒冷的时候。
②凋：凋零。

孔子说，只有在经历最寒冷的考验后，才知道松柏最为坚贞。即便万木凋零，它依然充满生机。

白话解读

松、梅、竹合称"岁寒三友"，司马迁在《史记》中称松柏为百木之长。松柏是世界上最长寿的树木，耐贫瘠、抗水淹、傲霜雪，四季常青。千百年来，它不仅以高大挺拔的形象进入人们的视野，更以其旺盛的生命力给人们带来心灵上的冲击，无数的诗人学者赞扬它，从而使之成为民族精神的象征。人们常用它赞美傲骨丹心的俊美人格，也用它讴歌崇高坚毅、临危不惧的气节。本章中，孔子赞美松柏，教导人们要像松柏一样，能够经受艰难困苦的考验，显示君子的本色。

人一辈子总会遇到几次特别艰难的时候，在这关键时候的选择，往往决定了最终成为什么样的人。孔子被匡人围困，神情自若，临危不乱；文天祥被俘后不受高官厚禄诱惑，从容就义，留取一片丹心，光耀史册。2008年的"5·12"汶川地震，灾难突然来袭，绝大多数的教师首先考虑的是学生的安危，有的指挥学生疏散，自己最后出来；有的就用自己的身躯，抵挡砸压过来的钢筋水泥板，保护了学生。但也有个别教师，丢下学生自己先跑了出去，其人品受到众人质疑。危急时刻也成了检验人的最好时候，只有像松柏一样，真正具备坚定的品质，才能经得住任何考验。

松柏的品质是天成的，而人的品质则需要后天不断地学习才能炼成。孔子提倡的君子，作为一种人格理想和标准，必须长期修炼、不断进步才能达到。君子具有坚定坚韧的特点，能经受任何考验，如孟子总结的那样："富贵不能淫，贫贱不能移，威武不能屈。"只有具备了坚定的信仰和成熟的人格，才能在任何情况下不纠结不动摇，像松柏那样，经受得住各种艰难困苦的考验。

感悟经典

岁寒是对松柏的考验，人生中的艰难困苦是对人的考验。考验无处不在，这些考验也如分水岭般，将人划分为不同层次，人品的高下也就清楚了。那么当考验来临，我们如何才能交一份合格的答卷呢？

孔子赞美松柏，让我们子孙后代都抬头瞻仰松柏、思考人生，人应该怎样活着？要有坚强的意志和坚定的信仰，才能不放弃、不动摇，像松柏一样伟岸俊美，像松柏一样坚贞不屈，在任何艰难环境下一如既往的高洁美丽！

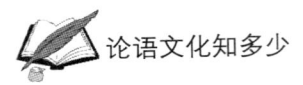
论语文化知多少

几千年来,中华民族不正是这样吗?中华民族正如松柏一样,几千年就这样屹立于世界!

延伸阅读

人生自古谁无死,留取丹心照汗青

文天祥,字宋瑞,江西吉州(今江西吉安)人,宋末元初著名的政治家、爱国诗人、抗元名将。

1275年,元军南侵、大兵压境,南宋朝廷无计可施,决定议和求降。元军统帅伯颜声称,只有南宋的丞相才有资格与他谈判。

这时,南宋朝廷的左右丞相都闻讯逃跑了,朝廷只好封文天祥为右丞相,去和伯颜谈判。文天祥义正词严地问伯颜:"贵国是要与我国交好呢,还是要灭掉我国?"

"我们不想灭掉宋国!"

"既然如此,请你们后撤百里,以表诚意,否则我们将以死相拼!"

后来元军扣留了文天祥,扬言说,如果南宋不投降,元军马上就发起进攻。南宋朝廷在伯颜的威胁下,向元军投降。文天祥得知真相后,痛哭流涕,仰天长叹!

……

四年后,文天祥在广东继续抗元,兵败被俘。

元世祖忽必烈钦佩文天祥的忠心,派人轮番劝降,但都被文天祥骂走。劝降不成,他们就用镣铐把文天祥囚禁起来,次年押解至元大都(今北京)。文天祥在狱中三年,受尽各种威逼利诱,但始终坚贞不屈。1281年夏,在湿热、腐臭的牢房中,文天祥写下了与《过零丁洋》一样名垂千古的《正气歌》。

到后来,忽必烈决定亲自劝降文天祥,对他说道:"你的忠心,我非常佩服。如果你能改变主意,做元朝的臣子,我仍旧让你当丞相,怎么样?"

文天祥慷慨地说:"我是宋朝的丞相,怎么能再做元朝的臣子?如果这样,我死了以后,哪还有脸去见地下的忠臣烈士?"

忽必烈知道劝降已没有希望,就下令把文天祥处死。

刑场上,文天祥面色从容。他对监斩官说:"我的祖国在南方,我要面对南方而死!"说完,整整衣冠,朝南方拜了几拜,仰天长叹,从容就义!

从容殉国

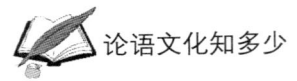
论语文化知多少

22　君子成人之美，不成人之恶

子曰："君子成①人之美，不成人之恶。小人反是②。"

——《论语·颜渊》

注释小译

①成：促成。
②反是：与此相反。是，此。

孔子说，君子成全别人的美德、好事，而不会促成别人的罪恶、坏事。小人正好相反。

白话解读

在现实生活中，有的人会在别人需要帮助的时候出一分力，真心诚意地成全别人、帮助别人，看到别人犯错会劝阻。这种人是发自内心真诚地希望别人更好，也愿意帮助别人生活得更好。相反，有的人嫉妒别人的成功，看不得别人比自己更好，因此要么怂恿别人干坏事，要么自私自利，争权夺利，算计别人，从而促成他人的厄运。

能成人之美的人是真君子。君子一定是仁者，仁者爱人，一定是一个内心向善的人，心正意诚，懂得去体谅和尊重他人，能做到"己欲立而立人,己欲达而达人",有成人之美的心胸和气度。君子还是智者,有是非评判的能力,心中有原则、有底线,知道哪些事该成全,哪些事该劝阻;也有办法有能力去帮助别人、成全别人。"小人反是",即小人正相反,他最不具备的就是成全别人的心胸,也没有成全别人的能力。因为心胸狭窄,考虑的都是一己私利,没有公允之心,看到别人成功心里就不平衡,千方百计使坏,破坏他人的好事。小人做事没有原则,只看对自己是否有利,会为了利益和别人勾结起来做坏事,损害他人的利益,有时还可能危害社会,从而成人之恶,造成他人的厄运。

君子必定会惠及他周边的人,小人注定要伤害到其他人。看看我们身边的人,总有些人做着好事,成全别人;也总有些人自私自利,伤害别人。以前人们赞美人经常用"功德"二字,说某人做得特别好叫功德无量,也就是因某人品德高尚的行为能惠及他人,甚至惠及一国人、一代人。比如慈善救人,一个善举能挽救一个生命;德政利民,一个休养生息的政策就让万千百姓安居乐业。这些未尝不是成人之美。

可见,君子与小人对他人、对社会有着完全不同的社会作用。个人的修为,不单是个人的事。我们生活于其中的社会,是一个彼此相连的共同体,我们的一言一行必将影响他人、影响社会。希望我们每个人都能够成长为君子,造福他人、造福社会。

感悟经典

成人之美和成人之恶,是君子与小人对社会截然不同的两种影响。君子的一言一行都会给人温暖,都能惠及他人,都能给社会满满的正能量;而小人过分追求名利,为达到目的不顾社会公德,总会伤及他人,败坏社会风气,产生恶劣后果。

我们每一个人都应该努力去做一名君子。我们每个人,虽然

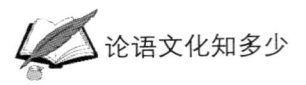
论语文化知多少

为他人为社会可能做不出什么大的贡献；但做个好人，也是对社会不小的贡献。

延伸阅读

成语故事：管鲍之交

成语出处：《史记·管仲列传》

从前，齐国有一对很要好的朋友，他们就是历史上著名的管仲与鲍叔牙。

年轻时候，管仲家里很穷，又要奉养母亲，鲍叔牙知道了，就找管仲一起投资做生意。因为管仲没有钱，所以本钱几乎都是鲍叔牙拿出来的，可是，当赚了钱以后，管仲拿的却比鲍叔牙还多，鲍叔牙的仆人看了就说："这个管仲真奇怪，本钱拿得比我们主人少，分钱的时候拿的却比我们主人还多！"鲍叔牙却对仆人说："不可以这么说，管仲家里穷，又要奉养母亲，多拿一点应该的。"

有一次，二人一起从军打仗，每次进攻的时候，管仲都躲在最后面，大家就骂他说："管仲是一个贪生怕死的人！"鲍叔牙马上替管仲说话："你们误会管仲了，他不是怕死，他得留着他的命去照顾老母亲呀！"管仲听到之后说："生我的是父母，了解我的人可是鲍叔牙呀！"

后来，齐国的国王死掉了，太子诸儿做了国王，可他终日无所事事、吃喝玩乐，鲍叔牙预感齐国一定会发生内乱，就带着公子小白逃到莒国，管仲则带着公子纠逃到鲁国。

再后来，齐国真的发生了内乱，齐襄公（诸儿）被人杀死。管仲想杀掉小白，让公子纠能顺利当上国王，可惜管仲在暗算小白的时候，把箭射偏了，小白没死。鲍叔牙和小白比管仲和公子纠还早回到齐国,小白就当上了齐国的国王。

小白当上国王以后,决定封鲍叔牙为宰相,鲍叔牙却对齐桓公(小白)说:"管仲各方面都比我强,应该请他来当宰相才对呀!"齐桓公一听:"管仲要杀我,他是我的仇人,你居然叫我请他来当宰相。"鲍叔牙却说:"这不能怪他,他是为了帮他的主人公子纠才这么做的呀!"齐桓公听完鲍叔牙的话,请管仲回来当宰相,而管仲也真的帮齐桓公把齐国治理得非常好,成了一代名相!

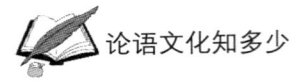

23 其身正，不令而行；
其身不正，虽令不从

子曰："其身正①，不令②而行；其身不正，虽令不从③。"

——《论语·子路》

注释小译

① 正：端正、正直。
② 令：政令、命令，这里作动词，发布政令、命令。
③ 从：跟随、服从。

孔子认为，当管理者自身端正，做出表率时，不用下命令，被管理者也会跟着行动起来；相反，如果管理者自身不端正，而要求被管理者端正，那么，纵然三令五申，被管理者也不会服从的。

白话解读

本章中，孔子讲到为政，认为为政者个人的修养非常重要，它决定着政令能否实施。为政者自身品行端正，不但会得到百姓的喜爱和拥护，还能如榜样一般影响和感召百姓，不用颁布政令，他们也会积极行动起来。俗话说"上行下效"，居高位者往往能起表率作用，他们如果能正直端正，下面的人就会学习模仿，从而整个社会的道德风尚都会很好，能够"不令而行"。可见，人格感召的力量是巨大的。就像一个家庭一样，父母的行为对孩子具有潜移默化的影响，为政者的行为对百姓同样具有引导作用。为政者如果品行端正，就会得到大家的拥护，让大家发自内心地尊敬他、爱戴他，以他为榜样。中国社会历朝历代都很重视民心向背问题，明白"水能载舟亦能覆舟"的道理，只有老百姓发自内心地支持与拥护统治者，其统治才能长久，社会才能正常运行。

中华民族历来重视为政者个人的品德修养，其渊源可追溯到尧舜禹时代，尧舜禹三代实行禅让，其标准就是德。那是我们民族的理想政治时代，尧舜不仅是贤明的君主，也是横贯人寰的道德典范和人格理想典范。他们为天下民众的安康不辞辛苦，正直贤良。孔子感叹道："唯天为大，唯尧则之。"对尧的人格、道德力量进行了高度赞扬。三代之治，有德者在位成为儒家的理想，为政者端正正直、品德高尚，是实现"仁政"的前提。孔子培养君子，从某种意义上说，也是为国家培养治理社会的人才。对于人才，儒家明确的要求是"德才兼备"，德放在前边，德是其核心。

在今天，这一要求依然应该是干部选拔的最重要最基本的要求。从政者一旦居高位，就要想到自己对社会对他人的影响更大，也就更应该严格要求自己，端正心思、公正执法。如果像某些落马高官一样，其身不正，党和国家的政策法令也不能顺利实施，将会导致很多的社会问题，其危害就很大了。

感悟经典

做人都要身正。中国人历来重视身正，这是千百年来我们文

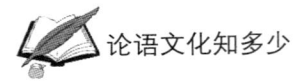
论语文化知多少

化中对己对人的共同要求。"政者,正也。"领导干部要率先做到身正,因为领导干部的权威,一方面来自他手中的权力;另一方面来自道德力量,人格魅力会提升其领导力,一身正气不仅是做人做干部的基本要求,也是引领团队的重要条件。

要身正必先心正。只有内心正直公正,才有行为举止的端正。所以,我们每个人都必须加强学习,提高认识,不受错误思想的侵害,自觉提高自身思想道德境界,做到心正、身正。这样,社会才能良性循环,越来越好。

延伸阅读

倡导节俭的赵匡胤

北宋太祖赵匡胤不仅文韬武略、善弄权术,还以节俭著称!

赵匡胤宫中的帘子是用青色的布做成的,与前代皇帝相比,简直是简陋之极!在宋朝之前的皇帝,其衣服一般都只穿一次,脏了就扔掉。而赵匡胤却没有这样做,他穿的衣服通常会经过多次洗涤。

赵匡胤的女儿永庆公主,曾经穿着漂亮衣服、戴着昂贵的翠羽装饰,赵匡胤看见后非常不满意,私下对公主说:"你是在富贵的家庭出生长大,一定要珍惜我们的福气,不要过于奢华。"公主从此再也不敢穿奢华的衣服进宫了。

他还提醒家人务必保持俭朴,说道:"你们不要忘记我们在夹马营〔今河南省洛阳市瀍(音 chán)河桥东,据传为赵匡胤诞生地〕时候过的日子。"

最初家人并不是很理解,赵匡胤的弟弟就借着宫廷宴会这一机会向哥哥说道:"陛下,你的服装穿得太草率了。"赵匡胤非常严肃地对弟弟说:"你忘记了我们在夹马营的时候过的苦日子吗?"永庆公主也曾建议父皇:"你当了很长时间的皇帝,为何不用黄金装饰自己的轿子呢?"赵匡胤说:"以我的富裕程度,即使将整个宫殿都装饰上黄金也能办到,可是我只是为天下百姓守着这些钱财而已,岂能妄用?古人认为'以一人治天下,不以天下奉一人'。如果我总是惦记自己的享受,那么百姓又如何来拥护我们呢?"

文献记载,大宋灭后蜀,在缴获财物之中,居然发现了用七种无价之宝装饰的溺器(尿壶),这让赵匡胤非常震惊,也非常愤怒!他训斥后蜀主孟昶说:"你的所作所为如此奢华,不灭亡还等什么呢!"所以,太祖厉行俭朴,也是在吸取历史的教训哦!

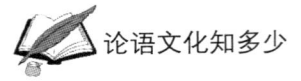

24　君子和而不同，小人同而不和

子曰："君子和①而不同②，小人同而不和。"

——《论语·子路》

注释小译

①和：调和、和睦。
②同：苟同。

孔子认为，君子能与人和睦相处，但不盲目苟同；小人盲目苟同，却不能与人和睦相处。

白话解读

在孔子看来，君子可以"不同"，却能做到"和"。"不同"，应该是指有不同于别人的意见、主张，君子不放弃自己的主张去苟同别人。"和"是指有不同意见，却能够团结其他人，并不因为不同而破坏和谐。在生活中有不同的意见主张太正常了，君子与小人的区别在于对待这一问题的不同态度。君子的可贵之处在于他有自己的主张并不轻易地放弃，能坚持自己的意见，又善于听取别人的不同意见，然后要么修正自己的主张，要么用自己的正确意见纠正别人的错误意见。但无论哪种情况，都能做到与别人保持良好的关系。君子做事有原则,以公正的态度并以做好事情为目的,他们不会为了搞好关系而随声附和、盲目认同,也不会为了坚持自己的主张不顾他人的意见和利益,所以可以做到有"不同"却依然可以"和"。小人只会盲目附和、人云亦云,不肯坦诚地说出自己的真实想法,又不能真心接受别人的意见,因此很难同别人搞好关系。真正的团结不是没有意见分歧的一团和气,因为每个人看同一问题,会有不同的立场、不同的角度;真正的团结是通过交流、对话,甚至思想上的交锋,达到相互理解、相互包容,进而实现统一。

因此,君子与小人在"和"与"同"上的差别,说到底还是人与人之间品行上的差别。

"和为贵",是中华文化的根本特征和基本价值取向。"君子和而不同"正是对"和"这一理念的具体阐发。"和"是一种善意,一种美德,有适当、恰到好处的意思,在人际关系上,主要是指相处和谐。在孔子看来,君子内心和悦,但所见各异,故有所不同;小人各争其利,必然会起冲突,导致不和。《国语·郑语》说"以他平他谓之和"。也就是说他和他有不同意见,以他的意见来平衡、调和另一个他的意见,达到"和"的境界!可见"和"是需要彼此兼顾、相互包容的,它是一种人与人之间相互的理解,互相做出让步,从而达到的一种和谐境界。

"和"是我们文化中一种重要的思想方法和处世原则。在生活工作中,思想境界高的人总能替别人着想,但并不一味地赞同别人,而能站得更高,不管是考虑问题或是做什么决定,都能尽可能地照顾大家的共同利益,其决定必然更为公正合理,也必然会赢得大多数人的支持。但是也总有一些人,忽视了差异性本身的客观存在,一味强调"同",容不得别人有差异,听不得不同的意见,太看重自己轻视别人,自以为是、自私自利,从而造成矛盾冲突。

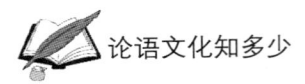
论语文化知多少

我们怎么才能到达"和"的境界呢？孔子已经为我们指明了答案：承认不同、接受不同，进而协调不同。也就是承认差异、包容差异、尊重差异，化解矛盾，共同发展，共存共荣。这一思想方法，无论是大到全球各国之间，还是小到家庭内部，具体到人与人之间，都是极为重要也极为适用的。

"和而不同"表现出文化宽容与文化共享的情怀，在思想方法、工作方法和处世哲学上，都具有非常重要的意义。在经济全球化的今天，则更具现实意义。

感悟经典

《国语·郑语》中记载，周太史史伯说过："和实生物，同则不继。"意思是说"和"的确能使万物生长繁衍，如果完全一致，则无法发展延续。他认为万物都是以土、金、木、水、火杂而和合产生的，相同的单一的事物不可能有所发展。五音和谐才能有好听的音乐，一种颜色就没有文采，一种滋味就会单调乏味。"和"是深刻的哲学命题，它与"同"有着深刻的辩证关系，需要"不同"才能达到"和"的境界。

我们在任何群体里与人相处，都应努力做到"和而不同"，这是一种智慧，也是一种与人相处的技巧。在任何团体里，都难免有不同意见，当矛盾出现时，我们要听取更多人的意见，尽可能多地考虑各自不同的立场，兼顾各方意见。要做到"和而不同"还得要内心无私、对人友善，因为必定需要有些人放弃自己的诉求，愉快地接受更公正更有利于大多数人利益的选择。

延伸阅读

北宋两宰相的故事

司马光、王安石是北宋神宗年间的两个宰相,一个保守,一个改革。二人既是政敌,又是多年交往的益友。司马光为山西省夏县人,从小就很聪明,"司马光砸缸"的故事一直为人们津津乐道。王安石是江西临川人,从小受到良好的教育。宋神宗时,王安石任宰相,推行新法,改革旧政。王安石以老成持重而"名传里巷"。不过,他不修边幅,经常头发蓬乱上朝,觐见天子、号令文武。

司马光砸缸

司马光和王安石,性格迥异,两个人你方唱罢我登场,轮流

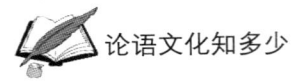
论语文化知多少

做宰相。二人在政治主张方面是死对头,彼此都认为对方的执政方针荒谬至极。在争夺权力中,两人丝毫都不客气,用各种手段,向对方痛下杀手。结果是司马光从宰相宝座上被赶了下来。

王安石大权在握,皇帝询问他对司马光的看法,王安石大加赞赏,对司马光的人品、能力和文学造诣都给了很高的评价。正因为如此,虽然司马光失去了皇帝的信任,但是并没有因为大权旁落而陷入悲惨的境地。

正所谓风水轮流转,当王安石的变法触动权贵利益,朝野一片骂声,逢朝必有弹劾,最后皇帝终于对王安石失去了耐心,将他就地免职,重新任命司马光为宰相。

王安石既已罢相,那么应该怎样治王安石的罪呢?皇帝听信了好多谗言,但在征求司马光的意见时,让皇帝大感意外!

司马光非常恳切地告诉皇帝,王安石疾恶如仇,胸怀坦荡,忠心耿耿,有古君子之风,陛下万万不可听信谗言。

皇帝听完司马光对王安石的评价,说了一句话:卿等皆君子也!

君子交谊"和而不同",司马光与王安石堪称典范!

25　贫而无怨难，富而无骄易

子曰："贫①而无怨难，富而无骄②易。"

——《论语·宪问》

注释小译

①贫："贝"是古代货币，一个"贝"还要掰开来花，表示贫困。本义：缺少财物，贫困。和"富"相对。
②骄：自满；自高自大，自以为了不起，看不起别人。

孔子认为，人们处于贫穷境地而无怨，是难能可贵的；富而无骄相对容易做到。

白话解读

孔子希望人们能够做到贫而无怨、富而无骄。贫与富是相对而言的，人总是处在或贫或富的境地中，但无论处于贫富哪种境地，都考验人，都能看出一个人的品行。朱熹《四书章句集注》说："处贫难，处富易，人之常情。"他下一句是对孔子说的这句话的理解："人当勉其难，而不可忽其易也。"意思是指人应当尽可能做到贫而无怨，但也不可忽视富而无骄。一个人富裕了，只要有点同情心，能够善待弱者；只要内心公正一点，能够遵纪守

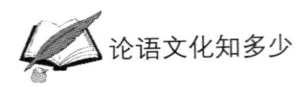

法,也就不错了。但一个处于贫困状态,又没有什么社会地位的人,那他就很容易为了生存不管不顾,无视法律法规、无视道德规范,胡作非为。不是说"仓廪(音 lǐn,米仓,亦指储藏的米)实而知礼节"吗?那么贫穷则可以让人回到低等动物的状态,所以孔子认为贫穷才是最考验人的。

贫而无怨很难。《论语》中多次谈到人们在贫困状态下的不同人生态度。孔子认为,这跟一个人的修养有关,一个人通过学习,精神境界提升了,物质方面的要求就低了,决定一个人快乐与否的不再是外在的贫困或富贵,而是精神境界的高低了。所以,真正的君子能够安贫乐道,如孔子赞赏颜回:"一箪食,一瓢饮,在陋巷,人不堪其忧,回也不改其乐,贤哉,回也!"君子自有丰富的内心世界,有更高的精神追求,其人生目标人生价值不是用富贵能够衡量的。如果一个人摆脱不了外在物质的束缚,那他永远成不了大器,成不了君子。孔子并不是排斥富贵、不屑于富贵,他说过:"富而可求也,虽执鞭之士(指替别人牵马、拿马鞭的,比喻伺候人的人),吾亦为之。如不可求,从吾所好。"贫与富只是两种境遇而已,"吾所好"才是任何境遇下都不变的核心追求。

安贫乐道相对于贫而无怨是更高的一个境界,做不到安贫乐道,也应该做到贫而无怨。无怨,是一种平和的心态,你可以想办法改变这种贫困的境遇,可以以正当的方法去争取,但不会仇富,更不会怨恨社会、报复社会。贫困之人如果不提高认识,不求诸己而求诸人,把贫困的原因归咎于他人、归咎于社会,以一种狭隘的心理处世待人,长此以往形成一种偏执的心理,自己也会不快乐。

贫而积怨,是一种较普遍的现象。这是几千年来的社会问题。放在今天来看,有两个方面值得重视:从国家和社会层面来看,一方面,应该努力促进社会的全民富裕,全面提高人民的生活水平；另一方面，国家应该促进社会公平，打击不当获利、非法得利，以保障每个人通过劳动正当获利的权利和途径，从而消解贫而积怨的社会矛盾。从个人层面来看，应该端正认识，增强自身能力，特别是增强自身竞争力，从而为自己争取更好的生活。

感悟经典

几千年来社会始终存在着贫富差距，每个人总处于不同的贫富状态，于是便有了各色心态：有钱的难免任性，贫困的可能仇视社会。人生的许多烦恼、许多错误都源于对财富、名誉的错误认识和不当追求。如果都能做到"贫而无怨，富而不骄"，社会矛盾就会少很多，人们会生活得更开心，社会也会更和谐。

如何才能做到"贫而无怨，富而不骄"呢？这不仅仅需要人们改变心态，更重要的是改变对待贫富的态度。如果能超越贫富，把人间正道、个人价值看得更重，那么无论面临怎样的生活境遇，我们都有稳定的价值观，就都能坚持原则、坚守正道。这需要我们努力提升思想道德水平，在一个更高的人生境界中寻求更有价值的一生。另外，我们有责任促进社会公平，让每个人都有平等竞争的机会，这样即使有人凭本事富裕了，没能富裕的人也能贫而无怨了。

延伸阅读

贫贱不移志的颜回

孔子办私学，有教无类，不问贫富，只要愿意学，都是来者不拒。

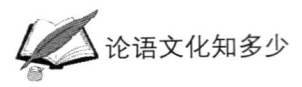
论语文化知多少

  颜回,字子渊,春秋末期鲁国人。颜回十四岁拜孔子为师,终生师事之,是孔子最得意的门生。孔子对颜回称赞最多,赞其好学、仁人。颜回被后世尊奉为"复圣",配享孔子、祀以太牢。

  颜回初见孔子时,不过是个十多岁的小孩,个头矮小,衣衫简陋,面黄肌瘦。但颜回额头高凸,双眼深凹,炯炯有神,透着机智与聪慧。颜回向孔子行了叩拜礼,就算是孔门弟子了。

  最初,颜回并没有引起孔子太多的注意。后来孔子才渐渐发现,在众弟子之中读书最用功的就是他。颜回很少提问,只是瞪着一双大眼贪食般地听孔子讲经授业。

  放学后,众弟子多回家吃饭了,颜回却总是最后一个走,饭后又第一个来到学堂,捧卷诵读。时间长了,孔子就觉得奇怪了,颜回为什么回家吃饭这么快?

  这一天,孔子派人偷偷跟随颜回,想看个究竟。

  原来,颜回家极为贫困。平日里,颜父种地在外,不回家吃饭;颜母又在外给人帮工,也不回家吃饭。这样,颜母每天离家时总要给儿子做一锅菜汤。颜回放学回家也不管凉热,拿起饭碗,舀出菜汤就津津有味地吃起来。有时菜汤喝不饱,他就来到井边,用水瓢舀几瓢水喝,然后拍拍胀起的肚皮,乐滋滋地拿上书包上学去了。

  孔子观察了几天,既非常怜悯,又十分叹服,于是说了收在《论语》上的这段话:"一箪(音 dān)食,一瓢饮,在陋巷。人不堪其忧,回也不改其乐。贤哉,回也!"

箪食瓢饮

后来人们把颜回居住的街称为"陋巷街",把颜回当年喝水的井叫作"陋巷井",还修建了"颜乐"亭,以追念颜回这种贫贱不改志向的德行。

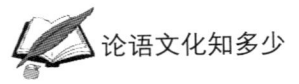
论语文化知多少

26 见利思义,见危授命

子路问成人①。子曰:"若臧武仲之知②,公绰之不欲③,卞庄子之勇,冉求之艺,文④之以礼乐,亦可以为成人矣。"曰:"今之成人者何必然?见利思义,见危授命,久要⑤不忘平生之言,亦可以为成人矣。"

——《论语·宪问》

注释小译

①成人:完人,完美无缺的人。
②知:通假字,通"智",智慧。
③不欲:寡欲,克制而清廉。
④文:文饰,修饰。
⑤久要:以前的约定。要(音 yāo),约定、诺言。

子路问怎样做才是一个完美的人。孔子说:"如果具有臧武仲的智慧,孟公绰的克制,卞庄子的勇敢,冉求那样的多才多艺,再用礼乐加以修饰,也就可以算是一个完人了。"孔子又说:"现在的完人何必一定要这样呢?见到财利想到义的要求,在危难面前勇挑重担,遵守自己许下的诺言,这样也是一位完美的人。"

白话解读

"成人",是孔子的人格理想,理解为完人、全人。本章提出两种全人观。第一种是集智慧、人品、胆识、才艺和礼乐于一身的人;第二种是见利能够想到义的人,他们见危授命、一诺千金。这两种人都非常了不起。

孔子强调的是真正优秀的人应该具备的品质。首先是"智",孔子十分看重智慧。这种智,不是小聪明,而是对社会人世的正确认知,它意味着具有看透世事的能力和做出正确选择、解决各种问题的能力。在孔子看来,完人和君子一样,并不只是道德楷模,他更应该是社会栋梁,有足够的智慧认识社会人生,影响和改造社会,有能力让这个不完美的世界变得更加美好。其次是"不欲",这是一种极高的境界。欲望往往是一个人的软肋,无欲则刚,"不欲"意味着这个人有坚定的信念,能坚守道德情操,能克制自己的欲念,不被自己的欲望击败,能够在任何时候、任何诱惑下不动摇不堕落。最后还需具备"勇",这也是孔子认为君子应该具备的优秀品质之一。"勇"意味着承担道义的勇气。社会有太多的不完美,很多人看到了,却选择沉默,选择随大家一起忍受,只有少数人有直面的勇气,更少的人能够站出来,与一切不公平和一切不合理抗争。社会需要真正的勇士。可见集智慧、无欲和勇气于一身的人是多么难得,更何况还需多才多艺,知礼善乐。孔子或许知道自己的要求没人能到达,所以又提出另一种全人观。

全人观则相对容易实现。孔子认为,能做到这三点也很不错了。第一点是见利能够思义。在利益面前,保持头脑清醒,不为利诱,能多想想获得此利是否合适。义,古人解释为宜,意思是适宜、适合,也就是要考虑获得这些利益是否适宜,是否合情合

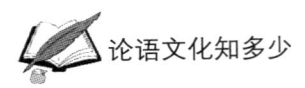
论语文化知多少

理。这样的考虑就是对道义的尊重，对私利的制约。能这样做的人，他的良知和素养一定不错。第二点要能"见危授命"，即遇到困难，能接受任命，为达成任务不屈不挠，坚持到底。这既是一种社会责任感，也是一种担当。第三点就是说要言而有信了，自己说过的话，哪怕过去很久了，依然能说到做到。能做到这三点的人依然很了不起。

孔子所提出的可以说是国家大才的标准，也可以说是人格修养的标准。比照着这些要求努力，我们每个人便能不断成长，全民的素质也就提高了。

感悟经典 >>

一个人要堕落很容易，要做一个完美的人却很难。几千年过去了，在经济飞速发展的今天，人们的道德水平提高了吗？孔子在那个时代提出的人格理想在今天依然是我们应该努力达到的目标。孔子希望人们能够见利思义，可依然有一些人见利忘义，为己利而损害他人利益，甚至破坏环境危害社会。孔子希望人们言而有信，可当今社会不诚信的行为依然存在。人们都希望社会更公平、世界更美好，千百年来，人同此心，心同此理。但我们何时才能实现社会理想呢？

也许不是每个人都有见危授命的机会，但面对社会生活中的身边小事，我们可以做到见利思义、言而有信。我们只有在圣人的教诲下，努力学习，提高自身素养，从我做起，从每件小事做起，一点一滴改变自己进而改变社会。

延伸阅读

杨震"四知"的故事

杨震,字伯起,弘农华阴(今陕西)人,少年时代就特别聪明好学。

杨震一生为官行政,不仅是东汉时期一位名臣谏吏,而且始终以"清白吏"为座右铭。他始终严格要求自己,不受私谒,这在古代不但是十分可贵的品德,就是在现代也是人们十分赞赏和敬仰的品质。史书记载:

杨震在荆州刺史任上,发现王密才华出众,便向朝廷举荐其为孝廉,出任昌邑县令。后来杨震调任东莱太守,途经王密任县令的昌邑(今山东金乡县境)时,王密亲赴郊外迎接恩师。

晚上,王密前去拜会杨震,俩人聊得非常高兴,不知不觉已是深夜。王密准备起身告辞,突然从怀中捧出黄金,放在桌上,说道:"恩师难得光临,我准备了一点小礼,以报栽培之恩。"杨震说:"以前正因为我了解你的真才实学,所以才向朝廷举荐你,希望你做一个廉洁奉公的好官。可你这样做,岂不是违背我的初衷和对你的厚望?你对我最好的回报是为国效力,而不是送给我个人什么东西。"

可是王密还坚持说:"三更半夜,不会有人知道的,请收下吧!"杨震立刻站起身来,非常严肃、声色俱厉地说:"俗话说人在做天在看!你这是什么话,天知,地知,我知,你知!怎么可以说没有人知道呢?没有别人在,难道你我的良心就不在了吗?"

王密顿时满脸通红,赶紧像贼一样溜走了。

杨震"四知"的故事,既巧妙地拒绝了王密的重金,也表现出他君子慎独的操守。

 论语文化知多少

27　杀身以成仁

子曰:"志士①仁人②,无求生以害仁,有杀身以成③仁。"
——《论语·卫灵公》

注释小译

①志士:有坚决意志和节操的人。
②仁人:指有高尚志向和道德的人。这里指践行仁道的人。
③成:成全。

孔子说,有志者与行仁者,不会为了活命而背弃人生理想,却肯牺牲生命,来成全人生理想。

白话解读

生命只有一次,这只有一次的生命是其他一切有价值有意义的事情得以实现的前提,所以生命十分可贵。孔子却提出,在生死关头,要"杀身成仁"。这是因为孔子把"仁"看得比生命还要重要。

孔子论述的是生命价值与理想价值的取舍关系。当生命价值与理想价值发生冲突时,就要毫不犹豫地舍弃生命价值,选择和保全理想价值。儒家的理想价值就是仁道。孔子终其一生传道、

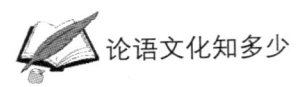

弘道，儒家也把践行仁道作为一种理想与信念。仁道，就是以人间最原始淳朴的爱心、正义，关爱他人、利国利民，弘扬人间正道达到天下大同。为维护这一理想价值，志士仁人不惜付出生命的代价。杀身成仁，这是一种坚定的选择，有了这样的选择便是有了坚定的信仰，就能意志坚强，坚守正道，因而任何艰难困苦、任何名利诱惑都不能动摇，从而表现出一种大无畏的精神。

孔子的这一信念影响了中国社会几千年，成为我们传统文化中最核心最稳固的价值观。几千年来，无数仁人志士在这一信念的感召下，为人间正义、为天下苍生，不惜抛头颅、洒热血，前赴后继砥砺前行。正因为有这样的志士仁人，我们才有几千年不曾断裂的文化延续，才有民族的不断强大。

生命诚可贵，超越生命价值的仁道显得更加可贵。孔子在中华文明之初，就认识到世间最可贵的就是做一个正直的人，一个人最大的价值就体现在为国为民之上。他为个体生命价值的超越找到了方向，也为我们民族精神奠定了最坚实的基础。同时这也造成中西方文化上的差异。西方文化重个体，强调人权，认为人的生命价值为最高价值；而中国传统文化从一开始，就超越了个体生命价值。

仁人志士也成为我们传统文化中最崇高的尊称，历朝历代都有这样的伟大人物，他们置自身利益、安危于不顾，为了人间正道，为了国家民族利益舍生取义、大义凛然，谱写出人类历史上最壮美的诗篇。

在今天，舍生取义离我们似乎越来越远，各种现实的观念充斥整个社会，我们可还有坚定的信仰来面对纷繁复杂的现代生活？中华民族伟大复兴重要的在于文化的复兴，从文化传承来看，有学者认为，中华民族文化的传承已到了危急的时刻，那么我们又该怎么办？

感悟经典

孟子在《鱼我所欲也》篇中对舍生取义的精神进行了论证与颂扬,在生命与道义两者不能兼顾的情况下,宁愿舍弃生命而选择道义,这是对孔子这一思想的继承,对后世产生了深远的影响。历史上许多志士仁人把"杀身成仁""舍生取义"奉为行为的准则,把"富贵不能淫"奉为道德的规范。南宋民族英雄文天祥在《过零丁洋》诗中说:"人生自古谁无死,留取丹心照汗青。"现代无产阶级革命烈士夏明翰在《就义诗》中说:"砍头不要紧,只要主义真。"这些都是与孔子精神一脉相承的。

宁可牺牲生命,也要维护仁道正义,这一信念已深植传统文化之中,成为仁人志士恪守的信条。儒家思想又称儒教,它如宗教一般,成为我们民族的信仰,其思想精髓直接影响我们对人类终极意义的思考。

延伸阅读

谭嗣同笑对死亡

谭嗣同,字复生,号壮飞,湖南浏阳人,中国近代资产阶级的维新志士,"戊戌六君子"之一。谭嗣同青年时即有维新自强的宏愿,认为中国要强盛,只有发展民族工商业,学习西方资产阶级的政治制度。他撰写文章抨击清政府的卖国投降行径,后来又参加维新变法运动,失败后被杀。

在维新变法运动中,康有为等人的变法主张遭到了封建顽固派的激烈反对,谭嗣同深知变法的艰难,却对朋友们说:"纵然是杀身灭族,我也不会改变主张。中国只有闹到新旧两党流血遍

 论语文化知多少

地，才有希望。不然真是要亡国了。"

1898年6月，光绪皇帝宣布变法。不料慈禧太后发动了政变，囚禁了皇帝，逮捕维新人士。变法失败后，以慈禧太后为首的顽固派大肆迫害维新派人士。

康有为、梁启超等维新人士多已出逃。谭嗣同不愿出逃避难，毅然决定以自己的热血唤醒民众，他说："各国的变法，没有不流血而成功的。而我中国还没有人为变法而流血，如果要有人流血，就从我谭嗣同开始吧！"

文献记载：谭在狱中"意气自若"，粉墙作书，留下了《狱中题壁》，诗尾两句曰："我自横刀向天笑，去留肝胆两昆仑。"既抒发了笑对死亡的满腔豪情，同时又为维新人士的崇高志向而感到骄傲。真可谓惊天地、泣鬼神！

1898年9月28日，谭嗣同等"戊戌六君子"在北京菜市口刑场被害。据说就义的那天，围观者达万人，谭君慷慨激昂，神情没有丝毫改变。临刑前还怒斥监斩官，大声喊着："有心杀贼，无力回天。死得其所，快哉快哉！"从容就义，壮怀激烈！

28　工欲善其事，必先利其器

子贡问为仁。子曰："工欲善①其事，必先利②其器③。居是邦也，事其大夫之贤者，友其士之仁者也。"

——《论语·卫灵公》

注释小译 >>

①善：这里作动词，做好。
②利：这里作动词，使动用法，使其器锋利。
③器：指工具。

子贡请教怎样走上践行仁道的正途。孔子说："工人想要做好他的工作，一定要先磨砺他的器具。你住在一个国家，要侍奉贤良卓越的大夫，要结交努力行仁的士人。"

白话解读 >>

孔子告诉子贡，一个做手工活的人，想要把工作做得完善，应该先把工具准备好。那么推行仁道需要什么工具呢？意思是说为了推行仁道，应该利用哪些条件呢？孔子认为住在这个国家，想对这个国家有所贡献，就必须结交这个国家中贤良的官员，与社会上各种贤达的人成为好朋友，有了这样良好的社会关系，才

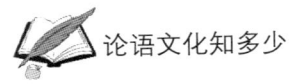

能达到推行仁道的目的。

　　孔子这句话给我们很多启示。从这句话看来，孔子认为应该重视社会关系，社会交往是一个人成功的关键。仁者要善于把社会关系搞好，争取更多的支持，才能更好地开展自己的工作，推行自己信奉的仁道。在当时的社会环境中，必须争取社会精英的支持，因为他们的态度影响事情的成败。事实上，任何时代任何人，要达成目的，都要依靠其他人的支持，特别是争取手中掌握权力的人的支持，如孔子提到的"大夫"，也就是当时的官员，还有当时在社会上极有影响的人，即孔子说的"士"。前者掌握实权，在干什么怎么干上有决定权、有话语权；后者是读书人，他们在社会舆论上起着重要作用。子贡要出去做官，想"为仁"，孔子鼓励他同当地这些人搞好关系，争取他们的支持，利用他们的力量来助成仁道理想的实现。当然，孔子对结交的对象也是有选择的，是大夫中的"贤者"、士人中的"仁者"。一方面，有共同理想和追求的人，要连在一起，才能形成强大的力量，才有能力维护社会正义，促进社会发展，进而教化百姓、威慑恶人，影响整个社会。另一方面，孔子还有一句话，"道不同，不相为谋"。不同志趣的人是不能一起谋事的，仁者要推行自己的主张，必须寻找志同道合的人，获得他们的支持。

　　从某种意义上讲，我们自己也是"必先利其器"的"器"。换句话说，我们想要做好一件事，必须提高自己的能力水平。做成一件事不能只有愿望，实现愿望靠的是一个人的能力。这能力中既有认知上的要求，也有具体做事的操作能力，同时还包括与他人的协作、沟通能力。换句话说，我们必须全面提升个人能力，这样才可能做成事。

感悟经典

孔子告诉我们，做好准备工作是一件多么重要的事情。在具体做一件事情的时候，我们往往只看到目标，忘了考虑时机和条件，只是很努力地直奔事情而去，结果往往失败。要办成一件事，要考虑很多方面的问题。只有提前把外在环境条件、自身能力问题和具体准备工作都做好了，然后合理地筹划，这样才有可能把事情做好，到达我们希望到达的效果。

俗话说"磨刀不误砍柴工"，我们不能急功近利，要在平时打好基础。如果要想进入社会后有一番作为，我们就应该在学校的时候好好学习，加强自身修养、提高自身能力，为未来做好准备，比如知识储备、能力养成，也包括思想道德水平、眼界心胸等方面的准备。这样的准备做得越全面越充分越好，这样，无论今后做什么事情，都会做得很好。

延伸阅读

成语故事：厉兵秣马

成语出处：《左传·僖公三十三年》

春秋时期，晋文公与秦穆公联合攻打郑国。后来秦穆公被郑国人烛之武说服，放弃了攻打郑国的计划，并与郑国结盟，留下将领杞子等人驻守郑国。

两年后，杞子派人向秦穆公报告说："真是天赐良机啊！郑国把都城北门的钥匙交给我掌管，如果秦国派兵来袭，一定可以一举攻下郑国的都城。"秦国老臣蹇叔极力反对，力劝秦穆公不要干这种背信弃义的事。如果秦军出兵，必然会遭到晋国的截

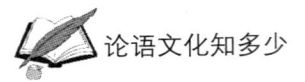

击。秦穆公听不进去劝阻,认为机不可失,立即派孟明视等三名大将领兵出征。

秦军伐郑,蹇叔的儿子也在军中,送别时,蹇叔抱住儿子失声痛哭,说:"你们此去凶多吉少,晋军一定会在崤(音xiáo,崤山,在今天河南省)这个地方截击你们,看来我得准备去替你收尸了。"

长途跋涉之后,秦军到了距离郑国不远的滑国,正巧郑国商人弦高途经滑国,得知秦军意图之后,一方面假称自己是郑穆公派来接待秦军的使者,说:"我们国君知道你们要来,特地要我送一批牲口来犒劳你们。"另一方面,弦高暗中派人把秦军进犯的消息火速报告给了郑穆公。

郑穆公接到密报,马上派人去秦将杞子等人的住地察看,见他们已经打点好行李,磨好了兵器,喂饱了战马,准备做秦军的内应,便派皇武子跟杞子说:"很抱歉,没有能够好好地款待你们,现在贵国的军队来了,你们可以回自己的国家去了。"杞子等人见事已败露,便匆匆逃走了。

秦将孟明视得到消息后,叹息说道:"如今内应已经没有了,讨伐郑国也无望了,我看还是班师回国吧。"就在秦军班师途中经崤地时,果然遭到了晋军的伏击,秦军全军覆没。

秦穆公得知秦军讨伐郑国无果,而且还被晋国全歼,十分后悔当初没有听蹇叔的劝告。

第二篇 经典篇章

厉兵秣马

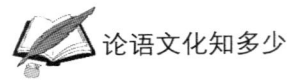
论语文化知多少

29 人无远虑，必有近忧

子曰："人无远虑①，必有近忧②。"

——《论语·卫灵公》

注释小译

①远虑：长远的考虑、打算。
②近忧：眼前的忧患。

孔子认为，一个人如果没有长远打算，一定会出现眼前的忧患。

白话解读

世界万事万物都是因果相生，如果不能做长远考虑，只图眼前利益，那迟早会遇到麻烦，走入困境。

孔子提示人们在考虑问题时要有历史与现实、当前与将来的辩证眼光，要有处理当前利益与长远利益的智慧。如果鼠目寸光，只顾眼前利益，看不到未来，这样就麻烦了。儒家主张要有远虑，表现出冷静的理性精神，提醒人们在对当前问题深思熟虑、深度思考外，还要应对将来，要未雨绸缪，否则就会造成严重后果。凡事都是如此，就像环保问题，以前人们过度开发，破坏自然生态，引发全球性的环境污染、生态失衡，现在人们深受其害，想要改变和恢复，已经十分困难了。

长远考虑十分重要，就如下围棋一样，需要考虑这一步走了之后，对后几步甚至很多步的影响，只有多为未来考虑，占得先机，才有取胜的可能。人类社会更是纷繁复杂，如蝴蝶效应一般，一个错误决定就可能引发许多问题，造成很多麻烦，如果不能做长远考虑，必将困扰不断。

遇事我们要冷静一点、理性一点，不能简单地就事论事，而是尽可能考虑这事对未来的影响，尽可能做长远考虑、做长远打算。我们每个人都应该有这样的意识，这是正确处理问题的态度。只有面向未来，考虑到自己的决定对自己和他人会造成的影响，才能做出最好的决定。这不是一件容易的事情，因为不是每个人都能看到那么长远，都能考虑到问题的方方面面，并能选择最佳的方案。这需要眼光，所以孔子很重视"知"——智慧。孔子提倡的理想人格——君子，是仁者、智者、勇者。智者对他人、对社会有深刻认识，对人心人性有深切了解，对自然、社会的发展规律有深刻的认知，遇到问题的时候能顺应规律而行，从而避免不必要的麻烦和困扰。

如何才能具备长远的眼光？怎样才能在遇到问题处理矛盾的时候具备前瞻性？这是每个人的人生课题。我们只有多读书、多关注社会现实，多思考，拓宽自己的眼界，开阔自己的心胸，慢慢成熟起来，才能做得更好。俗话说站得高才能看得远，只有不断提升我们的知识水平和自身修养，才能站在一定的高度上为未来做打算。

感悟经典

如果我们能立足未来，做任何事情前都能想到未来我们希望

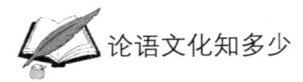

实现的那个目标,那么现在的生活会更有意义。学生能够想到今后要凭本事立足社会,为自己挣一个更加成功的未来,也许他就会少玩游戏,更认真地学习。如果没有对未来的打算,他也就不知道眼前该干什么,终日无所事事。

伟人的"远虑",追寻的是人类生存的终极意义。他们"以现观隐,以往察来",根据过去历史发展的规律,推测将来的运行轨迹;他们"以人为本",探寻人心深处最原始的愿望与理想。所以,马克思提出共产主义理想;孔子认为人应该成长为君子,仁道是人们最应该走的道路;海德格尔明确地告知人们,人必须诗意地栖居于大地之上!如果我们能听懂他们的话,也许就不会被名利困扰,而知道该怎样活着了。

延伸阅读

亡羊补牢,不如防患未然

扁鹊,嬴姓,秦氏,名越人,又叫秦越人,也有说是齐国人,春秋战国时期名医。

扁鹊师从战国时的神医长桑君,尽得其真传,医术高超。扁鹊学成之后,一直周游列国,为君侯看病,也为百姓除疾,名扬天下,被称为神医、华夏医祖。

《史记》记载,有一年,扁鹊来到了魏国,魏文王召见了神医扁鹊。魏文王知道扁鹊还有两个从医的哥哥,于是就问扁鹊:"你家兄弟三人都是学医的,那么你们三个人中谁的医术最高呢?"

扁鹊听到这个问题后,思考片刻,回答说:"其实,我大哥的医术最高,二哥次之,我的医术最差。"

魏文王感到十分困惑,就让扁鹊详细地说一下原因。

扁鹊向魏文王解释:"之所以说我大哥的医术最好,是因为他能够在你没有发病之前就能看出你是否有病。那个时候,病人是不会觉得自己患病了的,我大哥在病人发现之前就将病给治好了。正是因为这个缘故,大哥的医术一直不被他人认可,也没有什么名气。二哥是家中医术第二好的,因为他能够在病人发病初期就看出来,然后将病人给治好,这样一来,病人都认为我二哥只擅长治疗一些小病症,所以他的名气只有本地人知道。病人找我治病时,已经到了中晚期,病情已经十分严重。那些患了重病的病人被我给医治好后,都以为我医术高明,所以我的名气响遍全国。因此,从根本上来讲,我的医术真的比不上我的两位哥哥。"

魏文王听到扁鹊的解释后,豁然开朗。

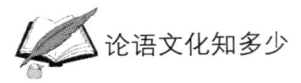
论语文化知多少

30　小不忍则乱大谋

子曰:"巧言乱①德。小不忍②则乱大谋。"

——《论语·卫灵公》

注释小译

①乱:这里指扰乱、惑乱。
②忍:一种解释为忍耐,另一解释为忍心。

孔子认为,花言巧语足以败坏道德。一个人要办大事,要实现远大目标,就必须容忍小问题。

白话解读

孔子很反感"巧言",他在言语上的主张是非常明确的,多次提到要慎于言、讷于言,先行后言。如果一个人说得多,做得少,或者言行不一,靠漂亮话哄人,这种人不但没有真才实学,不能够解决实际问题,还弄虚作假,所以说"巧言令色,鲜矣仁"。本章更是明确提出,巧言会惑乱道德。

"巧言"在这里我们可以理解为言语上的巧妙,也就是话说得特别好听,听起来似乎特别有道理。其还表现为说大话、说空话,以及说恭维话和诡辩的话。这些花言巧语足以惑乱和败坏道德。因为花言巧语涉及一个严重问题,那就是错误的思想言论往往会对社会产生巨大影响,一些歪理有时会很容易迷惑和煽动一些人。在孔子生活的那个时代正是各种思潮产生的时代,思想意识难免混乱,各种以语言为工具的计谋开始滥用,这些都扰乱了西周时期稳定的生活秩序,在思想领域,也打破了传统规范的道德体系。孔子在鲁国当司寇的时候,上台第一件事情就是杀了一个叫少正卯的人,这个人正是一个很会说话的人,他言伪而辩,足以乱正,严重影响了社会风气。

南怀瑾先生认为,"小不忍则乱大谋"有两个意义:一个是不能认为言语是件小事情,"忍"理解为狠得下心。如果认为言语是件小事,狠不下心来处理,就会姑息养奸,以后就会有很多麻烦,就会"乱大谋",难以达成实现仁德的终极目标。另一个可理解为一个人为了达成大目标,就要学会忍耐,凡事要忍耐要包容,如果一点小事不能容忍,或在小事上过于计较,往往就会坏了大事。这也是我们通常对"小不忍则乱大谋"意思的理解。

"小忍"是相对于大目标而言。任何事情都不会一帆风顺,要想做成任何事情,特别是要干一番大事,总会遇到各种问题各种麻烦,如果没有在相对小的方面的容忍、让步,太在乎局部的损失或失败,不愿意付出一定的代价,就干不成大事。心中要有大的目标,忍常人之难忍,忍辱负重,方成大业。的确,有志向、有理想的人,有宽广的胸襟和远大的抱负,不会斤斤计较个人得失,更不应在小事上纠缠不清。

感悟经典

普通人的一般情况是:小不忍,无大谋!人们很难做到不去计较眼前的小得失,不去纠缠身边的是非恩怨,总是一点点喜怒哀乐就主宰了我们的生活,然后深陷其中无法自拔,因此浪费了

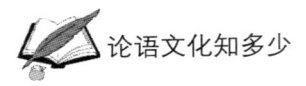

时间和精力,最终一事无成。为小事纠缠限制了格局,没能看得更远,也就没有更开阔的眼界,自然就没有更大的发展空间。

我们必须要有更远大的目标,才能成就未来。无论是个人还是国家,对未来都需要一个清晰的目标,即孔子说的"大谋"。只有目标明确了,远大的理想在前面召唤,一切行动朝着这一目标努力,才不会计较小得失、小恩怨,目光也不会过多停留在身边小事上。这也是主要矛盾与次要矛盾的关系问题,抓住主要矛盾,不要被次要矛盾挡住前进的道路。

做大事的人必须要有大眼界、大心胸,而难得的正是这种大眼界、大心胸。我们如果想做成大事,应该考虑如何做才能具备这样的眼界和心胸。

延伸阅读 >>

司马懿忍辱败诸葛

司马懿,字仲达,河内郡温县(今河南省焦作市)人,出身士族家庭,很小的时候他就被赞许是"非常之器"。历史上的司马懿颇有抱负,为人多智谋,善于随机应变。

《三国演义》第一百〇三回有诸葛亮给司马懿送女人衣服欲激其出战故事。

诸葛亮北伐六出祁山时,统率一支人马,驻扎在五丈原,一再派人挑战,魏兵统帅司马懿坚守不战。诸葛亮求战心切,便取来一套妇人穿的服装,放在一个大盒子里,并附上一封书信,派人送到魏军大营。司马懿当众打开盒子一看,里面装有妇女服装一套,还有一封信,拆开信一看,见上面写道:"你既出身为大将,统帅中原的大军,不敢武力相斗,以决胜负,却安于躲在土巢之中,小心地防避着刀箭,这与妇人有什么不同?现在我派人送去一套妇女的服装，你如果还不敢出战，便应恭敬地跪拜接受，如果你羞耻之心还没有泯灭，还有点男子汉的气概，便立即批回，定期决战。"

仲达受辱

司马懿看后，心中大怒，表面上却故作镇静，笑着说："孔明把我看成了妇人吗？"当即接受下来，并下令厚待送衣的使者。

魏军的众将得知这事情之后，无不气愤，来到大帐说："我们都是魏国的名将，怎么能够忍受蜀军这样的侮辱？请允许我们立即出战，以决胜负。"司马懿说："我并不是不敢出战而甘心忍受侮辱，无奈天子早就有了明确的旨意，令我们坚守不战，如果现在轻率出战，便是违抗国君命令了。"众将还是愤怒难平。司马懿说："你们既要出战，等我向天子申报批准以后，大家同心协力迎敌，你们看怎么样？"众将都答应了。

司马懿便写好表章，派遣使者往合肥军前，奏闻魏明帝曹叡。曹叡打开一看，只见上面写道："臣才能低下，而责任重大，

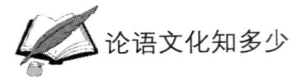

陛下曾经明确指示，令臣坚守不战，等待蜀人自己败亡；无奈诸葛亮送来一身妇人服装，将臣视作妇人，耻辱太重了！臣谨预先奏请陛下：近日臣将拼死一战，以报朝廷之恩，以雪三军之耻。"

明帝问众大臣："司马懿既已坚守不出，为什么又上表求战？"卫尉辛毗说："司马懿本来不想出战，必定是因为诸葛亮这一番侮辱，众将愤怒，才故意上了这道表章，希望陛下更明确地重申一下坚守不战的旨意，以遏制一下众将求战的心情。"明帝认为他说得十分有理，便命令辛毗持着皇帝的符节，到渭水北岸司马懿大营传旨，不许出战。司马懿迎接诏书到大帐之中，辛毗当众宣读道："如果再有人胆敢提出迎战，便以违抗圣旨论处。"众将只好按圣旨的意思去办。

于是，不管诸葛亮用什么办法，魏兵只是按兵不动，疲劳蜀军。蜀军求战不得，只好在渭滨分兵屯田，做长期较量的打算。两军相持了一百多天，诸葛亮因积劳成疾，心力交瘁，病故军中。姜维等人按照其生前嘱托，秘不发丧，组织蜀军撤退。司马懿领兵追赶，但唯恐中了诸葛亮的计谋，不敢穷追，便率部返回关中。

"小不忍则乱大谋"，司马懿不费一兵一卒，不仅忍辱败诸葛，而且显示出一个谋略家的卓越才能！

31　道听而涂说

子曰："道听而涂①说，德之弃②也。"

——《论语·阳货》

注释小译

①涂：通假字，通"途"。
②弃：背叛。

孔子认为，在路上听到一些没有根据的话，又在途中说给别人听，这样做有悖于道德。

白话解读

孔子曾经告诫弟子："非礼勿视，非礼勿听，非礼勿言，非礼勿动。"意思就是说：不合乎礼教的东西不能看，不合乎礼教的话不能听，不合乎礼教的话不能说，不合乎礼教的事不能做。希望弟子要从眼睛、耳朵、嘴巴、身体严格的管束自己，以外在的规范约束自己。本章明确要求人们不要道听途说。

这些与孔子谨言慎行的主张相吻合。孔子认为不能说没有根据的话，有把握的话都应该谨慎地说，坚决反对不问事实，没有根据的道听途说。而一些人在听说什么之后，往往不加思考，不

去了解事实本身的真实情况，就不负责任地胡说八道，其后果是歪曲事实，扰乱人心，更有甚者，以讹传讹，造成恶劣的影响。在网络时代的今天，这种影响更是十倍百倍地被放大，其后果也更加严重。道听途说、传小道消息、揭人隐私和制造假新闻等都是不道德的行为，那不仅仅是对自己的言行不负责，甚至有的是有意放暗箭、耍明枪伤人，打击和毁损别人，以达到自己不可告人的目的。现代社会有着十分发达的通信工具，谣言结合这些宣传利器，杀伤力更强，如果人们无知地听信谣言、传播谣言，无疑是助纣为虐，一样会严重伤害别人。在今天，我们更需要牢记孔子不要道听途说的教诲，多些理智判断，不轻信谣言、不传播谣言。

一个理性的人应该客观公正地去寻求事实的真相。道听途说最直接的恶劣影响就是歪曲事实、混淆是非。有时候发生了一件事，人们知之甚少，就有人道听途说、添油加醋，传得沸沸扬扬，甚至恶意地揣测别人，但事情本身是怎么回事，反而无人问津了，很多真相因此就不为人知了。因此，如果没有正确的态度，不能实事求是，导致社会舆论发生混乱，社会公理也会荡然无存。

我们要有自己的思考和判断。道听途说的人往往没有自己的主见，看不清事实，分不清是非，人云亦云，被人利用成为帮凶而不自知。因此，我们要提防一些卑劣小人，他们利用道听途说，恶意中伤别人，歪曲事实、拨弄是非，以达到自己的目的。

道听途说背离道德。道听途说的人既不是仁者，也不是智者。是仁者，就会是一个善良的人，他们修养心性，不屑于传播是非，更不会为了自己的目的而在背后恶意议论他人；而智者，不会轻易地相信传言，他们有自己的判断，更能洞悉事实真相，了解传言者的用心。

> 感悟经典

道听途说害人不浅。有个成语叫"三人成虎",说的是魏国大臣庞葱,将要陪魏太子到赵国去做人质,临行前对魏王说:"现在有一个人说街市上出现了老虎,大王可相信吗?"魏王道:"我不相信。"庞葱说:"如果有第二个人说街市上出现了老虎,大王可相信吗?"魏王道:"我有些将信将疑了。"庞葱又说:"如果有第三个人说街市上出现了老虎,大王相信吗?"魏王道:"我当然会相信。"庞葱就说:"街市上不会有老虎,这是很明显的事,可是经过三个人一说,好像真的有了老虎。现在赵国国都邯郸离魏国国都大梁,比这里的街市远了许多,议论我的人也不止三个。希望大王明察才好。"他提醒魏王今后不要因为说的人多了,就把谣言当事实。

孔子这句话告诫我们,不管读书做学问,或者做人处世,都要深入求证,不能轻易相信传言。

> 延伸阅读

曾参杀人

成语出处:《战国策·秦策二》

曾参,字子舆,春秋末年鲁国人,16岁拜孔子为师,是孔子学说的主要继承人和传播者,被后世尊奉为"宗圣",配享孔子、祀以太牢。

历史上,曾参还是个大孝子,非常孝顺父母。有一天,据说他在外乡杀了人,顷刻间,一股"曾参杀了人"的风闻席卷了曾参的家乡。

177

第一个向曾母报告情况的是曾家邻居。那人没有亲眼看见杀人凶手,而是在案发以后,从一个目击者那里得知凶手名叫曾参。当那个邻居把"曾参杀了人"的消息告诉曾母时,并没有引起预想的那种反应。曾参是母亲的骄傲。是圣人孔子的好学生,怎么会干伤天害理的事呢?曾母听了邻人的话,不惊不忧,非常肯定地对那个邻人说:"我的儿子是不会去杀人的。"

没隔多久,又有一个人跑到曾母面前说:"曾参真的在外面杀了人。"曾参的母亲仍然不去理会。她还是坐在那里不慌不忙地穿梭引线,照常织着自己的布。

又过了一会儿,第三个报信的人跑来对曾母说:"现在外面议论纷纷,都说曾参的确杀了人。"曾母听到这里,心里骤然紧张起来。她害怕这种人命关天的事情要株连亲眷,因此顾不得打听儿子的下落,急忙扔掉手中的梭子,关紧院门,端起梯子,越墙从僻静的地方逃走了。

以曾参良好的品德和慈母对儿子的了解、信任而论,"曾参杀了人"的说法在曾子的母亲面前是不可信的。然而,即使是一些不确实的说法,如果说的人很多,也会动摇一个慈母对自己贤德的儿子的信任。

32　博学而笃志，切问而近思

子夏曰："博学而笃志①，切问②而近思③，仁在其中矣。"

——《论语·子张》

注释小译

①笃志：笃守其志。笃（音 dǔ），忠实，一心一意。
②切问：恳切地问清所学却未弄清的事情。
③近思：思考当前的己所能及的事。

子夏认为，要广泛地学习，一心一意笃守其志，诚恳地多问，切实地思考实际问题，如果做到这四条，就能把握住仁道的根本精神了。

白话解读

子夏告诉学生接近仁道最切实的途径。一个人要知识渊博，这是基础，广泛地学习总是极其必要的。但往往人们知识渊博了，各方面了解多了，反而失掉中心，所以知识渊博了，志向要更加坚定，这样才有明确的方向，让所学有正确的用途。学问与志向，两方面都做得很好的人，一定是一个优秀杰出的人。孔门儒学强调立志，这个志，不是简单的个人志向，而是指坚守仁

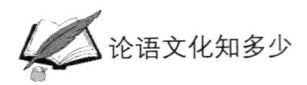

道,即孔子说的"志于道"。仁道进一步要求要笃志,就是要更加坚定地践行仁道。仁道说起来宽泛,不像立志当科学家那么具体,但仁道强调的是为人处世的根本。做一个怎样的人?以怎样的态度对待身边的人和事?儒家教导我们,要做一个内心温暖的正直的人,以仁爱之心为他人为社会奉献自己。儒家提倡的仁道,其实是做人最本质、最基本的东西。只要有这样的基础,朝着这一方向走下去就不会错。最怕的是失去这基本的东西,找不到方向,人就会误入各种各样的歧途,做不成一个好人,于己于社会都是有害的。

"切问而近思",切问是多听多问,尽可能深切地了解社会人生。切问既是方法,又是思维方式。子夏希望学生更多地探寻、追问,积累经验、增长见识,这是认识问题、解决问题最切实可行的方式方法。"切"字很重要,切,恳切、深切,包括问的态度和问的深度。切问可以让我们成为一个洞察世事、了解人心的人,但还要"近思",在这里,"近思"有两种理解:一是要以自己的思想为核心,不能远离自己的心志,有时了解太多、考虑太多反而无所适从了;二是要切近现实生活,切近要解决的现实问题,不能想得太玄虚、太高远。因为学习、修养和努力探索,最终还是要落实在平时如何更好地做人,如何更好地解决生活中的实际问题中。

"博学而笃志,切问而近思。"做人首先要立志,远大的志向是博学的前提;其次是要勤于思考、勇于探索;最后还要擅于解决身边的现实问题。这是做人、做学问的基本方向。这几点做到了,也就走上实行仁道的正道了。

感悟经典 >>

《论语》告诉我们做人的道理。一个人要成长得更加优秀,必定需要具备更加坚定的志向，有更为开阔的眼界和广博的知识。他绝不会仅仅是人格榜样和道德楷模，还必须具备解决实际问题的能力。"切问""近思"，说得很好，做人做学问都切忌好高骛远、脱离实际，所学的最终要落实到生活与工作上，落实到我们做事待人的一言一行上。《论语》不但告诉我们应该做一个怎样的人，还具体指导我们该怎么做，才能成为那样的人。

就像本章中提出的四点要求——"博学""笃志""切问""近思"，非常简洁明确，又包含丰富深刻的道理。希望我们能够遵循先哲的教诲，踏踏实实照着去做。道不远人，经典往往是最朴实的。一部《论语》告知了我们做人做事最简单最核心的道理。让我们在圣贤的指引下，认真学习，不断成长！

延伸阅读

复旦校训的由来

复旦大学始建于清光绪三十一年（1905 年），是中国人自主创办的第一所高等院校，创始人为近代知名教育家马相伯，首任校董为国父孙中山。校名"复旦"二字选自《尚书》中的"日月光华，旦复旦兮"，意在自强不息，寄托教育强国的希望。

复旦大学自开办到辛亥（1911 年）前后，校基未固、办学维艰。1913 年，李登辉（与曾任中国国民党主席的李登辉同名）在马相伯等人的推荐下，出任复旦校长。

李校长毕业于美国耶鲁大学，是近代中国著名教育家，在任 20 余年，以"学术独立，思想自由"为办学理念，强调复旦人要有"团结、服务、牺牲"之精神，为维持和发展复旦大学作出了巨大贡献。

1915 年，复旦大学建校 10 周年，李校长仿美国名校制度，

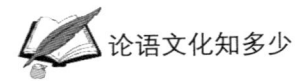

为复旦大学规定了校训、校标（徽）等。"博学而笃志，切问而近思"的校训就是此时由复旦大学国文部的教师从《论语》中挑出来的条目之一，其他条目还有"博学、审问、慎思、明辨、笃行"等。李校长从海外归国不过10年，自知古汉语水平不如老校长马相伯，便请老校长选定（马相伯曾助其弟马建忠著《马氏文通》，古汉语造诣颇深）。一番会商之后，"博学而笃志，切问而近思"便选定成了复旦大学的校训，也成为复旦学子的座右铭。

2005年，中国青年报社和新浪校园频道以"我最欣赏的十大校训"为题，进行了为期1个月的问卷调查，共有4672人参与投票，得票率前三名的是：

第1名："自强不息，厚德载物"（清华大学，得票率54%）。

第2名："博学而笃志，切问而近思"（复旦大学，得票率40%）。

第3名："博学、审问、慎思、明辨、笃行"（中山大学，得票率35%）。

主要参考书目

[1] 司马迁. 史记[M]. 北京：中华书局，1984.

[2] 班固. 汉书[M]. 北京：中华书局，2016.

[3] 王肃. 孔子家语[M]. 上海：上海古籍出版社，1990.

[4] 杨伯峻. 论语译注[M]. 北京：中华书局，2009.

[5] 匡亚明. 孔子评传[M]. 济南：齐鲁书社，1985.

[6] 蔡尚思. 孔子思想体系[M]. 上海：上海人民出版社，1982.

[7] 傅杰. 论语二十讲[M]. 北京：华夏出版社，2009.

[8] 李殿元，王定璋，杜志国，等. 论语外编[M]. 成都：四川人民出版社，2001.

[9] 李殿元，杨梅. 论语之谜[M]. 成都：四川教育出版社，2001.

[10] 傅佩荣. 解读论语[M]. 上海：上海三联书店，2007.

[11] 段守政，侯廷宾. 中国传统文化教育读本：论语[M]. 郑州：河南大学出版社，2017.

[12] 黎孟德. 四书感悟[M]. 成都：巴蜀书社，2005.

[13] 李健. 孔子[M]. 乌鲁木齐：新疆青少年出版社，2016.

[14] 徐林. 论语中的小故事大道理[M]. 北京：华语教学出版社，2010.

[15] 田姝. 论语的故事[M]. 北京：光明日报出版社，2010.

[16] 冯国超. 图说论语[M]. 北京：华夏出版社，2007.

[17] 包启新. 孔子的故事[M]. 上海：百家出版社，1992.

[18] 蔡志忠. 漫画孔子说[M]. 上海：上海三联书店，1990.

后　　记

《论语》系孔门师生之间的对话，言简意赅，都是三言两语述说一个问题。内容涉及"仁义孝悌""礼乐刑政"等方面，儒家思想精义囊括其中，可以从中了解与体悟圣人中正平和之道。《论语》言语述说间充满情怀与温馨，教导门人弟子也是循循善诱，极富感情色彩，非常适合学童阅读学习。在中国历史上，《论语》就是一本教科书，从汉唐延至宋元明清，一直如此。

所以，著名历史学家顾颉刚先生说："我们读《论语》，便可知道他的修养的意味极重，政治的意味很少。"（《古史辨》）因为涉及政治就不免有阴谋阳谋、攻占杀伐，不利于儿童健康心理的形成和发展。

《论语文化知多少》的编撰，以《论语》篇章为纲，结合现行中小学教材选入的《论语》内容，结合人教版《语文》选修本《先秦诸子选读》和《中国传统文化教育全国中小学实验教材》，粹选《论语》基本知识，以及富于传统文化价值的《论语》篇章内容，着眼青少年，力求典型、力求正能量。该书力求通俗易懂、雅俗共赏，希望能对解读《论语》、推广普及中华优秀传统文化尽绵薄之力，同时也希望能对中小学《论语》节选内容的全面（而不是断章取义）的解读学习有所裨益！

《论语文化知多少》系"德阳文庙与中华优秀传统文化教育丛书"的第二本，由李绍先、王小红总体负责设定书稿框架、体例与特色，统筹审定书稿。

后　记

编撰编绘：李绍先（四川工程职业技术学院、教授）
　　　　　邓朝晖（四川工程职业技术学院副教授）
　　　　　余文莉（四川工程职业技术学院讲师）
　　　　　吴新星（四川工程职业技术学院副教授）
　　　　　曹海霞（四川工程职业技术学院讲师）
书稿审定：王小红（德阳市博物馆副馆长）

　　本书编撰过程中对许多专家学者的研究成果多有参考借鉴，限于编撰体例，未能逐一注明，兹开列"主要参考书目"，在此一并表示感谢！由于时间、资料及编撰者水平所限，书中错漏与不足定然不少，恳请各位读者和专家学者指正！

德阳文庙与中华优秀传统文化教育丛书编委会
2019 年 4 月于德阳文庙